> 수록된 대부분의 판례를 OX로 변경하여 먼저 배치하고, 판례의 내용을 짐작할 수 있도록 판시사항 추가

> 기출문제에서 출제된 지문을 거의 그대로 수록

13 「농지법」에 따른 제한을 회피하고자 「부동산 실권리자명의 등기에 관한 법률」을 위반하여 무
[표준] 효인 명의신탁약정에 따라 명의신탁자가 명의수탁자에게 등기를 넘겨주는 행위는, 사회질서
에 반하는 행위여서 「민법」 제746조 본문의 불법원인급여에 해당되어, 명의신탁자가 명의수
탁자를 상대로 진정명의 회복을 원인으로 한 소유권이전등기를 구할 수 없다.

전원합의체 | 21변호사 / 21법전협-1

부동산 실권리자명의 등기에 관한 법률을 위반하여 무효인 명의신탁약정에 따라 명의수탁자 명의로 등
기를 한 경우, 명의신탁자가 명의수탁자를 상대로 그 등기의 말소를 구하는 것이 민법 제746조의 불법
원인급여를 이유로 금지되는지 여부(소극) 및 이는 농지법에 따른 제한을 회피하고자 명의신탁을 한 경
우에도 마찬가지인지 여부(적극)(대판 2019.6.20. 2013다218156 전원합의체)

> 전원합의체 판례의 경우, 별도 표시

【다수의견】 부동산 실권리자명의 등기에 관한 법률(이하 '부동산실명법'이라 한다) 규정의 문언
내용, 체계와 입법 목적 등을 종합하면, 부동산실명법을 위반하여 무효인 명의신탁약정에 따라
명의수탁자 명의로 등기를 하였다는 이유만으로 그것이 당연히 불법원인급여에 해당한다고 단정
할 수는 없다. 이는 농지법에 따른 제한을 회피하고자 명의신탁을 한 경우에도 마찬가지이다.
구체적인 이유는 다음과 같다.
① 부동산실명법은 부동산 소유권을 실권리자에게 귀속시키는 것을 전제로 명의신탁약정과 그에
따른 물권변동을 규율하고 있다.
첫째, 부동산실명법은 명의신탁약정(제4조 제1항)과 명의신탁약정에 따른 등기로 이루어진 부
동산에 관한 물권변동(제4조 제2항 본문)을 무효라고 명시하고 있다. 명의신탁약정에 따라 명
의수탁자 앞으로 등기를 하더라도 부동산에 관한 물권변동의 효력이 발생하지 않는다. 이것은
명의신탁약정에 따라 명의신탁자로부터 명의수탁자에게 소유권이전등기가 이루어지는 등기명의
신탁의 경우 부동산 소유권은 그 등기와 상관없이 명의신탁자에게 그대로 남아있다는 것을 뜻
한다. 그 결과 명의신탁자는 부동산 소유자로서 소유물방해배제청구권에 기초하여 명의수탁자
를 상대로 그 등기의 말소를 청구할 수 있다.
부동산실명법 제4조 제3항에서는 명의신탁약정과 그에 따른 물권변동의 무효는 "제3자에게
대항하지 못한다."라고 정하고 있다. 이 규정은 제3자를 보호하기 위한 것으로서 명의신탁자가
소유자로서 명의수탁자 명의의 등기를 무효라고 주장하면서 그 말소등기절차의 이행을 청구할
수 있다는 것을 전제로 한다. 이와 달리 명의신탁의 경우 부동산 소유권이 명의수탁자에게 귀
속된다면, 제3자는 당연히 그 소유권을 기초로 한 권리를 취득할 수 있기 때문에 제4조 제3
항의 제3자 보호 규정을 둘 필요가 없을 것이다.
이러한 내용을 담고 있는 부동산실명법 제4조는 부동산실명법의 기본골격을 이루는 규정이다.
이를 벗어나는 해석은 불합리한 결과를 피하기 위하여 반드시 필요한 경우에 한하여 예외적으
로만 허용할 수 있다.
둘째, 부동산실명법은 실권리자명의 등기의무를 위반한 명의신탁자에 대하여 위반행위 자체에
대한 제재로서 과징금을 부과하는 것에 그치지 않고(제5조 제1항 제1호) 부동산에 관한 물권
을 지체 없이 명의신탁자의 명의로 등기할 의무를 지우며, 이를 위반할 경우 과징금 외에 이
행강제금을 추가로 부과하도록 하고 있다(제6조). 이러한 이행강제금 제도는 명의신탁자에게
심리적 압박을 주어 등기명의와 실체적 권리관계의 불일치 상태를 해소할 것을 간접적으로 강
제함으로써 위법상태를 제거하고 부동산실명법의 실효성을 확보하려는 데 그 취지가 있다. 이
행강제금 제도 역시 명의신탁자로 하여금 신탁부동산에 관한 등기를 회복하도록 명하는 것으
로서 신탁부동산의 소유권이 실권리자에게 귀속되는 것을 전제로 하고 있다.

이책의 목차

PART 01 소송의 주체 ⋯ 2

CHAPTER 1 법원 ⋯ 2

CHAPTER 2 당사자 ⋯ 8

PART 02 제1심의 소송절차 ⋯ 14

CHAPTER 1 소송의 개시 ⋯ 14

CHAPTER 2 변론 ⋯ 34

CHAPTER 3 증거 ⋯ 44

PART 03 소송의 종료 ⋯ 56

CHAPTER 1 총설 ⋯ 56

CHAPTER 2 당사자의 행위에 의한 종료 ⋯ 58

CHAPTER 3 종국판결에 의한 종료 ⋯ 64

PART 04 병합소송 ⋯ 80

CHAPTER 1 병합청구소송 ⋯ 80

CHAPTER 2 다수당사자소송 ⋯ 86

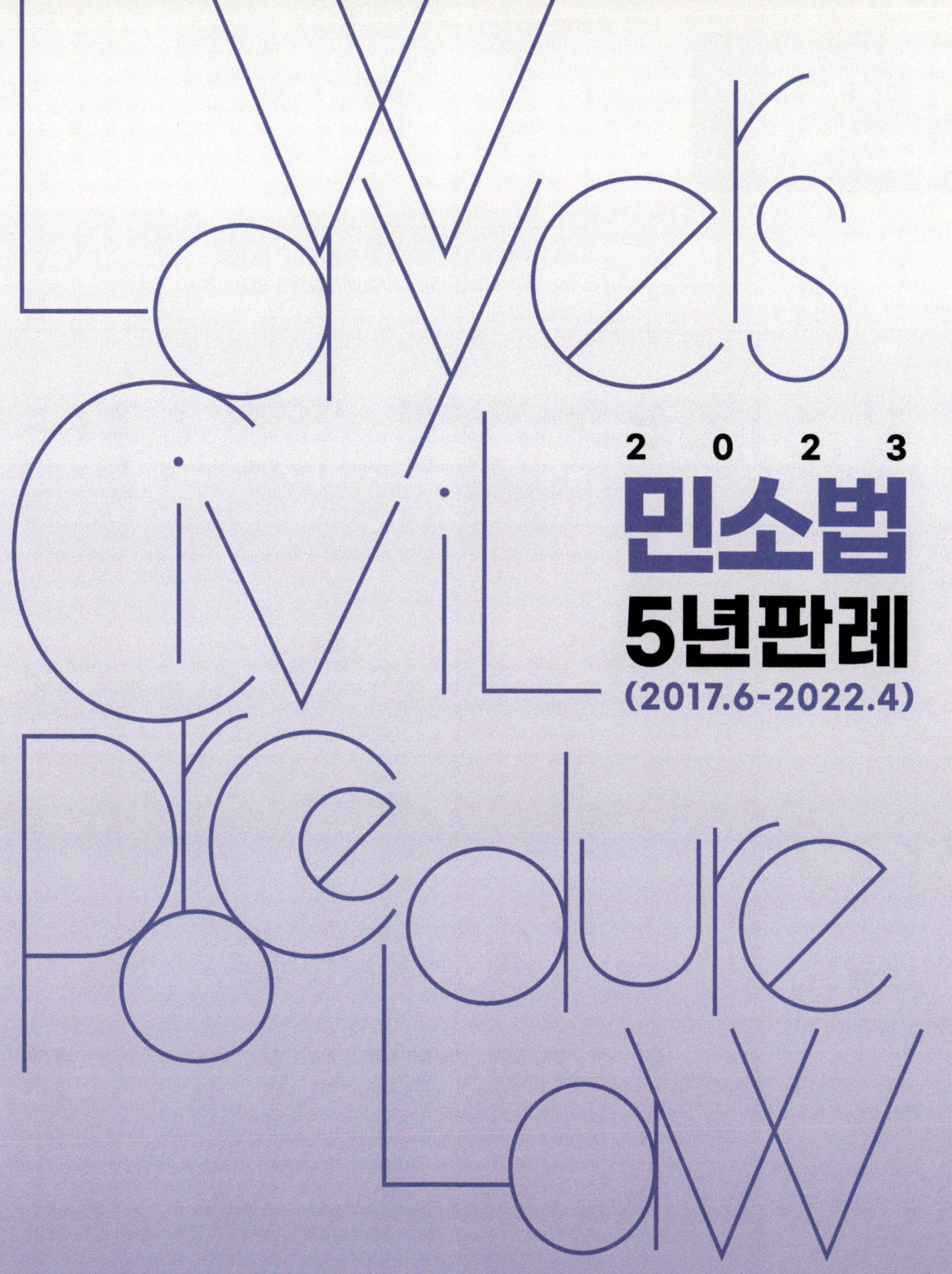

이책의 구성과 특징

> 변호사시험, 법전협모의시험 등 주요시험을 대상으로 최근 2022 법전협 1차 모의시험까지 출제된 판례의 경우, 그 출처 표시

> 법학전문대학원협의회가 선정한 민소법 표준 판례 419선 중 최근 5년 판례 20개 수록

06 〔표준〕 비법인사단인 채무자가 제3채무자를 상대로 소를 제기하였으나 사원총회의 결의 없이 총유재산에 관한 소가 제기되었다는 이유로 각하판결을 선고받고 그 판결이 확정된 경우, 이는 채무자가 스스로 제3채무자에 대한 권리를 재판상 행사한 것으로 보아야 하므로, 그 후 비법인사단의 채권자가 제기한 채권자대위소송은 부적법하다. 　22법전협-1 / 21·20변호사

> 비법인사단인 채무자 명의로 제기된 제3채무자를 상대로 한 소가 사원총회 결의가 없었다는 이유로 각하되어 판결이 확정된 경우, 채무자가 스스로 제3채무자에 대한 권리를 행사하였다고 볼 수 있는지 여부(소극)(대판 2018.10.25. 2018다210539)
> 채권자대위권은 채무자가 스스로 제3채무자에 대한 권리를 행사하지 아니하는 경우에 한하여 채권자가 자기의 채권을 보전하기 위하여 행사할 수 있는 것이어서, 채권자가 대위권을 행사할 당시에 이미 채무자가 그 권리를 재판상 행사하였을 때에는 채권자는 채무자를 대위하여 채무자의 권리를 행사할 수 없다. 그런데 비법인사단이 사원총회의 결의 없이 제기한 소는 소제기에 관한 특별수권을 결하여 부적법하고, 그 경우 소제기에 관한 비법인사단의 의사결정이 있었다고 할 수 없다. 따라서 비법인사단인 채무자 명의로 제3채무자를 상대로 한 소가 제기되었으나 사원총회의 결의 없이 총유재산에 관한 소가 제기되었다는 이유로 각하판결을 받고 그 판결이 확정된 경우에는 채무자가 스스로 제3채무자에 대한 권리를 행사한 것으로 볼 수 없다.
>
> 〔주요쟁점〕 채무자가 제3채무자에게 이미 재판상 행사한 권리에 대하여, 채권자가 채무자를 대위하여 행사할 수 있는지 여부를 검토한 판례

정답 ✕

> 기출은 되지 않았지만, 앞으로 출제확률이 높은 판례의 경우 지문화하여 '예상'으로 표기

02 아래 사안에서 乙지방자치단체의 기부채납 약정에 근거한 소유권이전등기청구권의 소멸시효는 진행하지 않는다. 　〔예상〕

> 지방자치단체가 기부채납 받은 재산을 점유하고 있는지가 문제된 사안(대판 2022.4.28. 2019다272053)
> 甲 주식회사가 乙 지방자치단체와 체결한 주차장에 관한 기부채납 약정을 이행하기 위해 주차장을 설치하였고 이후 주민들이 무상으로 주차장을 사용하고 있는데, 乙 지방자치단체가 甲 회사를 상대로 주차장에 대한 소유권이전등기절차의 이행을 구하자, 甲 회사가 乙 지방자치단체의 소유권이전등기청구권이 시효로 소멸하였다고 항변한 사안에서, 乙 지방자치단체의 소유권이전등기청구권에는 5년의 상사 소멸시효기간이 적용되는데, 乙 지방자치단체가 직접 또는 관리 위탁을 통해 주차장을 유지·관리함으로써 주차장을 지속적으로 점유해 온 것이라고 평가할 수 있는데도, 乙 지방자치단체의 소유권이전등기청구권이 시효로 소멸하였다고 본 원심판결에 법리오해 등의 잘못이 있다고 한 사례

> 2017년 6월부터 2022년 4월 선고분까지 판례 수록

정답 ◯

| PART 05 | 상소심절차 | … 96 |

▶ 판례색인 … 122

| PART 06 | 재심절차 | … 110 |

| PART 07 | 간이소송절차 | … 114 |

| PART 08 | 채권자대위권과 채권자취소권의 소송법적 논점 | … 118 |

◎ 채권자대위권 … 118

◎ 채권자취소권 … 119

CHAPTER 1 법원

CHAPTER 2 당사자

PART 01

소송의 주체

CHAPTER 1 법원

01 외국적 요소가 있는 법률관계에 관하여 적용되는 준거법으로서의 외국법은 사실이 아니라 법으로서 법원의 직권조사 대상에 해당한다. _{예상}

> 외국적 요소가 있는 법률관계에 적용될 준거법으로서의 외국법의 내용이 법원의 직권조사사항인지 여부(적극)(대판 2019.12.24. 2016다222712)
> 외국적 요소가 있는 법률관계에 관하여 적용되는 준거법으로서의 외국법은 사실이 아니라 법으로서 법원은 직권으로 그 내용을 조사하고, 그러한 직권조사에도 불구하고 외국법의 내용을 확인할 수 없는 경우에 한하여 조리 등을 적용해야 한다.

정답 ○

02 1. 우리나라가 가입한 국제조약은 일반적으로 민법이나 상법 또는 국제사법보다 우선적으로 적용된다. _{예상}

2. 소송절차에서 당사자가 준거법에 관하여 다투지 않았다는 사정만으로 준거법에 관한 묵시적 합의를 인정할 수 없다. _{예상}

> 국제사법 제25조 제1항에 따라 준거법에 관한 명시적인 합의가 없더라도 묵시적인 합의를 인정할 수 있는지 여부(적극) / 소송절차에서 당사자가 준거법에 관하여 다투지 않았다는 사정만으로 준거법에 관한 묵시적 합의를 인정할 수 있는지 여부(소극)(대판 2022.1.13. 2021다269388)
> [1] 우리나라가 가입한 국제조약은 일반적으로 민법이나 상법 또는 국제사법보다 우선적으로 적용된다.
> [2] 국제사법 제25조 제1항은 "계약은 당사자가 명시적 또는 묵시적으로 선택한 법에 의한다. 다만 묵시적인 선택은 계약 내용 그 밖에 모든 사정으로부터 합리적으로 인정할 수 있는 경우에 한한다."라고 규정하고, 국제사법 제26조 제1항은 "당사자가 준거법을 선택하지 아니한 경우에 계약은 그 계약과 가장 밀접한 관련이 있는 국가의 법에 의한다."라고 규정하고 있는데, 같은 조 제2항 제1호에 의하면 양도계약의 경우에는 법인인 양도인의 주된 사무소가 있는 국가의 법이 가장 밀접한 관련이 있는 것으로 추정된다.
> 국제사법 제25조 제1항에서 계약의 준거법을 당사자가 자유롭게 선택할 수 있도록 하면서도 그것이 부당하게 확대되는 것을 방지하기 위하여 묵시적인 선택은 계약 내용 그 밖에 모든 사정으로부터 합리적으로 인정할 수 있는 경우로 제한하고 있으므로, 준거법에 관한 명시적인 합의가 없더라도 묵시적인 합의를 인정할 수도 있으나 소송절차에서 당사자가 준거법에 관하여 다투지 않았다는 사정만으로는 준거법에 관한 묵시적 합의를 인정하기는 어렵다.

정답 ○, ○

03 국제재판관할에서도 피고의 주소지가 생활관계의 중심적 장소로서 중요한 고려요소이다. 예상

> **국제재판관할**(대판 2019.6.13. 2016다33752)
> [1] 민사소송법 제3조 본문은 "사람의 보통재판적은 그의 주소에 따라 정한다."라고 정한다. 따라서 당사자의 생활 근거가 되는 곳, 즉 생활관계의 중심적 장소가 토지관할권의 가장 일반적·보편적 발생근거라고 할 수 있다. 민사소송법 제2조는 "소는 피고의 보통재판적이 있는 곳의 법원이 관할한다."라고 정하고 있는데, 원고에게 피고의 주소지 법원에 소를 제기하도록 하는 것이 관할 배분에서 당사자의 공평에 부합하기 때문이다. 국제재판관할에서도 피고의 주소지는 생활관계의 중심적 장소로서 중요한 고려요소이다.
> [2] 국제재판관할에서 특별관할을 고려하는 것은 분쟁이 된 사안과 실질적 관련이 있는 국가의 관할권을 인정하기 위한 것이다. 민사소송법 제11조는 "대한민국에 주소가 없는 사람 또는 주소를 알 수 없는 사람에 대하여 재산권에 관한 소를 제기하는 경우에는 청구의 목적 또는 담보의 목적이나 압류할 수 있는 피고의 재산이 있는 곳의 법원에 제기할 수 있다."라고 정한다. 원고가 소를 제기할 당시 피고의 재산이 대한민국에 있는 경우 대한민국 법원에 피고를 상대로 소를 제기하여 승소판결을 얻으면 바로 집행하여 재판의 실효를 거둘 수 있다. 이와 같이 피고의 재산이 대한민국에 있다면 당사자의 권리구제나 판결의 실효성 측면에서 대한민국 법원의 국제재판관할권을 인정할 수 있다. 그러나 그 재산이 우연히 대한민국에 있는 경우까지 무조건 국제재판관할권을 인정하는 것은 피고에게 현저한 불이익이 발생할 수 있다. 따라서 원고의 청구가 피고의 재산과 직접적인 관련이 없는 경우에는 그 재산이 대한민국에 있게 된 경위, 재산의 가액, 원고의 권리구제 필요성과 판결의 실효성 등을 고려하여 국제재판관할권을 판단해야 한다.
> [3] 예측가능성은 피고와 법정지 사이에 상당한 관련이 있어서 법정지 법원에 소가 제기되는 것에 대하여 합리적으로 예견할 수 있었는지를 기준으로 판단해야 한다. 피고가 대한민국에서 생활 기반을 가지고 있거나 재산을 취득하여 경제활동을 할 때에는 대한민국 법원에 피고를 상대로 재산에 관한 소가 제기되리라는 점을 쉽게 예측할 수 있다.
> [4] 국제재판관할권은 배타적인 것이 아니라 병존할 수도 있다. 지리, 언어, 통신의 편의 측면에서 다른 나라 법원이 대한민국 법원보다 더 편리하다는 것만으로 대한민국 법원의 재판관할권을 쉽게 부정할 수는 없다.

정답 ○

04 중국 회사인 원고들이 중국 회사인 소외 회사에게 물품을 공급한 후 지급받지 못한 물품대금을 소외 회사의 100% 지분을 보유하고 있는 한국 회사인 피고를 상대로 중국법상 1인 주주의 유한책임회사 연대책임 법리에 따라 이를 부담해야 한다고 주장하면서 그 지급을 구하는 경우 민사소송법 관할 규정은 국제재판관할권을 판단하는 데 가장 중요한 판단기준으로 작용하므로 제5조(법인 등의 보통재판적), 제11조(재산이 있는 곳의 특별재판적)의 규정에 의해 대한민국 법원과 실질적 관련성을 인정할 수 있다. 예상

중국 회사들 사이의 물품거래에 따른 미지급 물품대금을 중국 회사의 100% 지분을 보유하고 있는 한국 회사를 상대로 그 지급을 구할 경우 대한민국 법원에 국제재판관할권이 인정되는지 여부(대판 2021.3.25. 2018다230588)

민사소송법 관할 규정은 국제재판관할권을 판단하는 데 가장 중요한 판단기준으로 작용한다. 다만 이러한 관할 규정은 국내적 관점에서 마련된 재판적에 관한 규정이므로 국제재판관할권을 판단할 때에는 국제재판관할의 특수성을 고려하여 국제재판관할 배분의 이념에 부합하도록 수정하여 적용해야 하는 경우도 있다(대판 2019.6.13. 2016다33752 참조).

민사소송법 제2조는 "소는 피고의 보통재판적이 있는 곳의 법원이 관할한다."라고 정하고 있고, 민사소송법 제5조 제1항 전문은 "법인, 그 밖의 사단 또는 재단의 보통재판적은 이들의 주된 사무소 또는 영업소가 있는 곳에 따라 정한다."라고 정하고 있다. 이는 원고에게 피고의 주된 사무소 또는 영업소가 있는 법원에 소를 제기하도록 하는 것이 관할 배분에서 당사자의 공평에 부합하기 때문이므로, 국제재판관할에서도 피고의 주된 사무소가 있는 곳은 영업관계의 중심적 장소로서 중요한 고려요소가 된다. 한편 국제재판관할에서 특별관할을 고려하는 것은 분쟁이 된 사안과 실질적 관련이 있는 국가의 관할권을 인정하기 위한 것이다. 가령 민사소송법 제11조에서 재산이 있는 곳의 특별재판적을 인정하는 것과 같이 원고가 소를 제기할 당시 피고의 재산이 대한민국에 있는 경우 대한민국 법원에 피고를 상대로 소를 제기하여 승소판결을 얻으면 바로 집행하여 재판의 실효를 거둘 수 있으므로, 당사자의 권리구제나 판결의 실효성 측면에서 대한민국 법원의 국제재판관할권을 인정할 수 있는 것이다.

나아가 예측가능성은 피고와 법정지 사이에 상당한 관련이 있어서 법정지 법원에 소가 제기되는 것에 대하여 합리적으로 예견할 수 있었는지를 기준으로 판단해야 한다. 만일 법인인 피고가 대한민국에 주된 사무소나 영업소를 두고 영업활동을 할 때에는 대한민국 법원에 피고를 상대로 재산에 관한 소가 제기되리라는 점을 쉽게 예측할 수 있다.

국제재판관할권은 배타적인 것이 아니라 병존할 수도 있다. 지리, 언어, 통신의 편의, 법률의 적용과 해석 등의 측면에서 다른 나라 법원이 대한민국 법원보다 더 편리하다는 것만으로 대한민국 법원의 재판관할권을 쉽게 부정해서는 안 된다(위 대법원 2016다33752 판결 참조).

⇨ 중국 회사인 원고들이 중국 회사인 소외 회사에게 물품을 공급한 후 지급받지 못한 물품대금을 소외 회사의 100% 지분을 보유하고 있는 한국 회사인 피고를 상대로 중국법상 1인 주주의 유한책임회사 연대책임 법리에 따라 이를 부담해야 한다고 주장하면서 그 지급을 구하는 사안임

⇨ 대법원은, 피고의 보통재판적인 주된 사무소의 소재지가 대한민국에 있고, 피고는 소외 회사의 100% 지분을 보유하고 있는 모회사로서 자료 확보나 사실관계 파악에 무리가 없어서 대한민국 법원에서 소송을 수행하는 것이 중국 법원보다 불리하다고 볼 수 없는 점, 지리상·언어상 불이익을 감수하면서 대한민국 법원에서 재판을 받고자 하는 원고들의 의사도 존중할 필요가 있는 점, 피고로서는 자신의 주된 사무소가 있는 대한민국 법원에 소외 회사의 물품대금 채무와 관련한 소가 제기될 수 있다는 점을 예측할 수 있었던 점, 피고의 재산이 있는 곳에 국제재판관할을 인정하는 것이 당사자의 권리구제나 재판의 실효성 측면에서 재판의 적정, 신속 이념에 부합하는 점 등을 고려할 때 대한민국 법원과 해당 소송의 당사자 또는 그 분쟁이 된 사안 사이에 실질적인 관련성이 있어 대한민국 법원에 국제재판관할권이 인정된다고 보아, 이와 달리 판단한 원심판결을 파기하고 사건을 1심으로 환송하였음

정답 ◯

05 당사자가 관할위반을 이유로 이송신청을 한 경우, 법원이 그 신청에 따른 직권발동으로 이송결정을 한 경우에는 즉시항고가 허용되지만, 항고심에서 당초의 이송결정이 취소되었다 하더라도 이에 대한 신청인의 재항고는 허용되지 않는다. **21법전협-1**

> 소송당사자에게 관할위반을 이유로 하는 이송신청권이 있는지 여부(소극) 및 항고심에서 당초의 이송결정이 취소된 경우, 이에 대한 신청인의 재항고가 허용되는지 여부(소극)(대결 2018.1.19. 2017마1332)
> 수소법원의 재판관할권 유무는 법원의 직권조사사항으로서 법원이 그 관할에 속하지 아니함을 인정한 때에는 민사소송법 제34조 제1항에 의하여 직권으로 이송결정을 하는 것이고, 소송당사자에게 관할위반을 이유로 하는 이송신청권이 있는 것은 아니다. 따라서 당사자가 관할위반을 이유로 한 이송신청을 한 경우에도 이는 단지 법원의 직권발동을 촉구하는 의미밖에 없다. 한편 법원이 당사자의 신청에 따른 직권발동으로 이송결정을 한 경우에는 즉시항고가 허용되지만(민사소송법 제39조), 위와 같이 당사자에게 이송신청권이 인정되지 않는 이상 항고심에서 당초의 이송결정이 취소되었다 하더라도 이에 대한 신청인의 재항고는 허용되지 않는다.

정답 ○

06 행정소송법상 항고소송으로 제기하여야 할 사건을 민사소송으로 잘못 제기한 경우에 수소법원이 그 항고소송에 대한 관할도 동시에 가지고 있다고 하여도 수소법원은 사건을 즉시 행정법원으로 이송하여야 한다. **21법전협-1**

> 행정소송법상 항고소송으로 제기하여야 할 사건을 민사소송으로 잘못 제기하였으나 수소법원이 항고소송에 대한 관할도 동시에 가지고 있는 경우, 원고에게 항고소송으로 소를 변경하도록 석명권을 행사하여 행정소송법이 정하는 절차에 따라 심리·판단하여야 하는지 여부(원칙적 적극)(대판 2020.1.16. 2019다264700)
> 행정소송법상 항고소송으로 제기하여야 할 사건을 민사소송으로 잘못 제기한 경우에 수소법원이 그 항고소송에 대한 관할도 동시에 가지고 있다면, 전심절차를 거치지 않았거나 제소기간을 도과하는 등 항고소송으로서의 소송요건을 갖추지 못했음이 명백하여 항고소송으로 제기되었더라도 어차피 부적법하게 되는 경우가 아닌 이상, 원고로 하여금 항고소송으로 소 변경을 하도록 석명권을 행사하여 행정소송법이 정하는 절차에 따라 심리·판단하여야 한다.

정답 ✕

07 실제로 법관에게 편파성이 존재하지 아니하거나 헌법과 법률이 정한 바에 따라 공정한 재판을 할 수 있는 경우라면 기피신청은 허용되지 않는다. 　　21법전협-1

> 민사소송법 제43조 제1항에서 규정한 '법관에게 공정한 재판을 기대하기 어려운 사정이 있는 때'의 의미 및 이때 실제로 법관에게 편파성이 존재하지 아니하거나 헌법과 법률이 정한 바에 따라 공정한 재판을 할 수 있는 경우에도 기피가 인정될 수 있는지 여부(적극)(대결 2019.1.4. 2018스563)
>
> 헌법은 법관의 자격을 법률로 정하도록 하고 법관의 신분을 보장한다. 또한 법관은 헌법과 법률에 의하여 그 양심에 따라 독립하여 심판할 것을 규정함과 동시에 재판의 심리와 판결은 공개하도록 규정하고 있다(헌법 제101조, 제103조, 제106조, 제109조). 이처럼 헌법은 국민의 공정한 재판을 받을 권리를 보장하고 있고, 모든 법관은 헌법과 법률이 정한 바에 따라 공정하게 심판할 것으로 기대된다. 그러나 개별·구체적 재판의 공정성 및 공정성에 대한 신뢰를 제대로 담보하기 어려운 사정이 있을 수 있다. 이러한 경우 법관과 개별 사건과의 관계로 인하여 발생할 수 있는 재판의 불공정성에 대한 의심을 해소하여 당사자로 하여금 재판이 편파적이지 않고 공정하게 진행되리라는 신뢰를 갖게 함으로써 구체적인 재판의 공정성을 보장할 필요가 있다.
>
> 이를 위하여 민사소송법은 제척 제도 외에도 기피 제도를 마련하여 제43조 제1항에서 "당사자는 법관에게 공정한 재판을 기대하기 어려운 사정이 있는 때에는 기피신청을 할 수 있다."라고 규정하고 있다. 기피 제도의 위와 같은 목적과 관련 규정의 내용에 비추어 보면, '법관에게 공정한 재판을 기대하기 어려운 사정이 있는 때'라 함은 우리 사회의 평균적인 일반인의 관점에서 볼 때, 법관과 사건과의 관계, 즉 법관과 당사자 사이의 특수한 사적 관계 또는 법관과 해당 사건 사이의 특별한 이해관계 등으로 인하여 법관이 불공정한 재판을 할 수 있다는 의심을 할 만한 객관적인 사정이 있고, 그러한 의심이 단순한 주관적 우려나 추측을 넘어 합리적인 것이라고 인정될 만한 때를 말한다. 그러므로 <u>평균적 일반인으로서의 당사자의 관점에서 위와 같은 의심을 가질 만한 객관적인 사정이 있는 때에는 실제로 법관에게 편파성이 존재하지 아니하거나 헌법과 법률이 정한 바에 따라 공정한 재판을 할 수 있는 경우에도 기피가 인정될 수 있다.</u>
>
> (주요쟁점) 청구의 병합에 있어서 합산원칙의 예외인 '중복청구의 흡수'를 보여준 결정

정답 ✗

CHAPTER 2 당사자

01 甲 외국인학교의 이사인 乙이 甲 학교의 임시이사를 선임해달라는 신청을 학교에 대해 한 것은 부적법하므로 각하하여야 한다. 　　　　　　　　　　　　　　　　　　　　예상

> 학교가 민사소송에서 당사자능력이 인정되는지 여부(원칙적 소극) 및 이러한 법리는 비송사건에서도 마찬가지인지 여부(적극)(대결 2019.3.25. 2016마5908)
> <u>학교는 교육시설의 명칭으로서</u> 일반적으로 법인도 아니고 대표자 있는 법인격 없는 사단 또는 재단도 아니기 때문에, 원칙적으로 민사소송에서 당사자능력이 인정되지 않는다. 이러한 법리는 <u>비송사건에서도 마찬가지</u>이다.
> ⇨ 甲 외국인학교의 이사인 乙이 甲 학교의 임시이사를 선임해달라는 신청을 한 사안에서, 甲 학교가 구 초·중등교육법(2012. 3. 21. 법률 제11384호로 개정되기 전의 것) 제4조, 구 각종학교에 관한 규칙(2015. 3. 5. 교육부령 제57호 초·중등교육법 시행규칙 부칙 제2조로 폐지) 제12조에 따라 외국인인 丙 개인이 설립한 학교로 인가를 받았고, 甲 학교가 설립·운영자와 독립하여 독자적인 존재와 활동을 할 수 있는 법인격 없는 사단 또는 재단에 해당한다고 볼 수 없으므로, 위 신청은 甲 학교의 당사자능력이 인정되지 않아 부적법하므로 각하하여야 하는데도, 이를 간과하고 본안에 대하여 판단한 원심판단에 법리오해의 잘못이 있다고 한 사례.

　　　　　　　　　　　　　　　　　　　　　　　　　　　　　　　　정답 ○

02
1. 종중이 비법인사단으로서 당사자능력이 있느냐의 문제는 사실심 변론종결시를 기준으로 판단하여야 한다. 　　　　　　　　　　　　　　　　　　　　16법전협-3
2. 당사자능력의 문제는 법원의 직권조사사항에 속하는 것이므로 그 당사자능력 판단의 전제가 되는 사실에 관하여는 법원이 당사자의 주장에 구속될 필요 없이 직권으로 조사하여야 한다. 　　　　　　　　　　　　　　　　　　　　예상

> 원고가 당사자를 정확히 표시하지 못하고 당사자능력이나 당사자적격이 없는 자를 당사자로 잘못 표시한 경우, 당사자 표시정정신청을 받은 법원이 취하여야 할 조치 / 어떤 단체가 비법인사단으로서 당사자능력을 갖는지 판단하는 기준 시기(=사실심 변론종결일) / 비법인사단이 원고로 된 경우, 법원은 직권으로 단체의 실체를 파악하여 당사자능력의 존부를 판단하여야 하는지 여부(적극)(대판 2021.6.24. 2019다278433)
> [1] 당사자는 소장에 기재된 표시 및 청구의 내용과 원인사실을 합리적으로 해석하여 확정하여야 하고, 확정된 당사자와의 동일성이 인정되는 범위 내에서라면 항소심에서도 당사자의 표시정정을 허용하여야 한다. 원고가 당사자를 정확히 표시하지 못하고 당사자능력이나 당사자적격이 없는 자를 당사자로 잘못 표시하였다면, 당사자 표시정정신청을 받은 법원으로서는 당사자를 확정한 연후에 원고가 정정신청한 당사자 표시가 확정된 당사자의 올바른 표시이며 동일성이 인정되는지의 여부를 살피고, 그 확정된 당사자로 표시를 정정하도록 하는 조치를 취하여야 한다.

[2] 민사소송법 제52조가 비법인사단의 당사자능력을 인정하는 것은 법인이 아니라도 사단으로서의 실체를 갖추고 그 대표자 또는 관리인을 통하여 사회적 활동이나 거래를 하는 경우에는, 그로 인하여 발생하는 분쟁은 그 단체가 자기 이름으로 당사자가 되어 소송을 통하여 해결하도록 하기 위한 것이다. 그러므로 여기서 말하는 사단이라 함은 일정한 목적을 위하여 조직된 다수인의 결합체로서 대외적으로 사단을 대표할 기관에 관한 정함이 있는 단체를 말하고, 어떤 단체가 비법인사단으로서 당사자능력을 가지는가 하는 것은 소송요건에 관한 것으로서 사실심의 변론종결일을 기준으로 판단하여야 한다.

원래 당사자능력의 문제는 법원의 직권조사사항에 속하는 것이므로 그 당사자능력 판단의 전제가 되는 사실에 관하여는 법원이 당사자의 주장에 구속될 필요 없이 직권으로 조사하여야 하고, 따라서 비법인사단이 원고로 된 경우, 그 성립의 기초가 되는 사실에 관하여 당사자가 다양한 주장을 하는 경우, 구체적인 주장사실에 구속될 필요 없이 직권으로 단체의 실체를 파악하여 당사자능력의 존부를 판단하여야 한다.

정답 ○, ○

03 종중 대표자에게 적법한 대표권이 있는지에 의심이 갈만한 사정이 있는 경우, 법원이 이를 심리, 조사할 의무가 있다.

예상

종중이 당사자인 사건에서 이미 제출된 자료들에 의하여 종중 대표자에게 적법한 대표권이 있는지에 의심이 갈만한 사정이 있는 경우, 법원이 이를 심리, 조사할 의무가 있는지 여부(적극)(대판 2021.11.11. 2021다238902)

종중이 당사자인 사건에서 종중의 대표자에게 적법한 대표권이 있는지는 소송요건에 관한 것으로서 법원의 직권조사사항이므로, 법원으로서는 그 판단의 기초자료인 사실과 증거를 직권으로 탐지할 의무까지는 없다 하더라도, 이미 제출된 자료들에 의하여 그 대표권의 적법성에 의심이 갈만한 사정이 엿보인다면 상대방이 이를 구체적으로 지적하여 다투지 않더라도 이에 관하여 심리, 조사할 의무가 있다.

정답 ○

04 소송행위를 하게 하는 것을 주된 목적으로 채권양도가 이루어진 경우 그 채권양도가 신탁법상의 신탁에 해당하지 않는다고 하여도 신탁법 제6조가 유추적용되므로 이는 무효이다. 예상

> **소송신탁의 판단기준 및 이에 따라 소송신탁이 인정된 사례**(대판 2021.3.25. 2020다282506)
> 소송행위를 하게 하는 것을 주된 목적으로 채권양도가 이루어진 경우 그 채권양도가 신탁법상의 신탁에 해당하지 않는다고 하여도 신탁법 제6조가 유추적용되므로 이는 무효이다. 소송행위를 하게 하는 것이 주된 목적인지는 채권양도계약이 체결된 경위와 방식, 양도계약이 이루어진 후 제소에 이르기까지의 시간적 간격, 양도인과 양수인의 신분관계 등 제반 상황에 비추어 판단하여야 한다(대판 2018.10.25. 2017다272103 등 참조).
> ⇨ 어촌계원들이 보상금 지급에 관한 협상이 거의 마무리 단계에 이를 때쯤 종전 대표자를 해임하고 새로 원고를 선출하였는데, 원고가 종전 대표자가 어촌계원들과 사이에 체결하였던 보수약정의 당사자 지위를 자신이 승계하였거나 그렇지 않더라도 그에 관한 약정금 채권을 자신이 양수받았다고 주장하며 어촌계원들에게 그 약정금을 구하는 사안임
> 원심은 지위승계 주장을 배척하면서, 종전 대표자와 원고 사이에 소송과 관련한 일체의 권한을 원고에게 부여하고, 만약 이러한 권한부여가 인정되지 않는다면 약정금 채권을 양도하며, 원고가 소송에서 승소하더라도 종전 대표자의 동의 없이는 처분하지 못한다는 약정을 체결한 사정 등이 인정되는 사정 등을 들어 채권양도가 무효라고 판단함
> ⇨ 대법원은 원심이 설시한 사정 및 종전 대표자와 원고의 친분관계가 인정되는 점, 협상절차에서 나타난 정황 등에 비추어 종전 대표자가 직접 어촌계원들을 상대로 약정금 청구를 하는 것이 곤란하였을 것으로 보이는 점 등이 인정된다는 이유로 소송신탁에 해당한다고 본 원심 판단을 정당하다고 보아 상고기각하였음

정답 ○

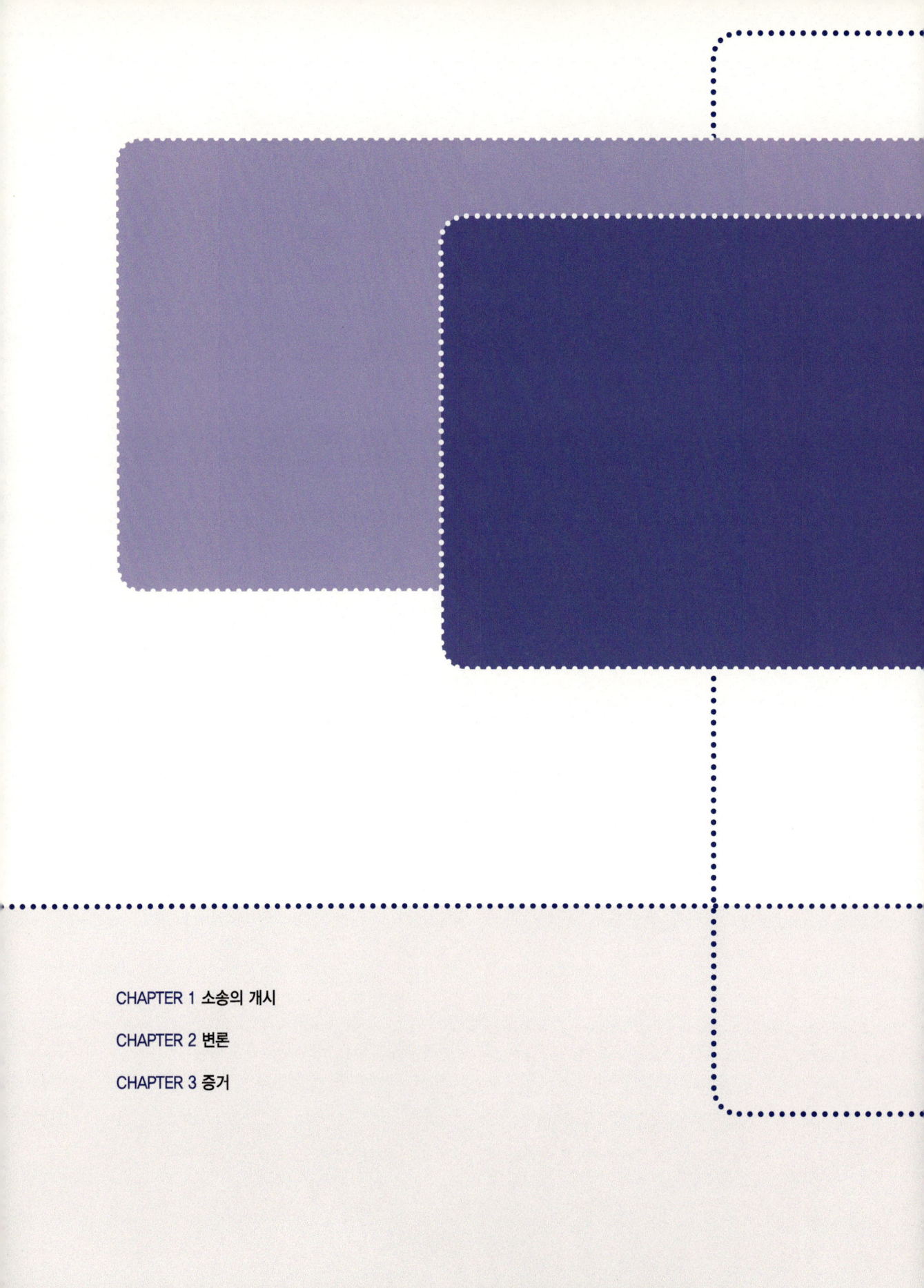

CHAPTER 1 소송의 개시

CHAPTER 2 변론

CHAPTER 3 증거

PART 02

제1심의 소송절차

CHAPTER 1 소송의 개시

01 채권자가 채권압류 및 추심명령을 신청하면서 채무자와 제3채무자 사이의 소송의 판결결과에 따라 제3채무자가 채무자에게 지급하여야 하는 금액을 피압류채권으로 표시한 경우에는, 채권자가 받은 채권압류 및 추심명령의 효력은 위 소송결과에 따라 제3채무자가 채무자에게 실제 지급하여야 하는 판결금채권에 한하여 미치는 것으로 보아야 한다. <small>20변호사</small>

> 채권압류 및 추심명령을 신청하면서 판결 결과에 따라 제3채무자가 채무자에게 지급하여야 하는 금액을 피압류채권으로 표시한 경우, 채권압류 및 추심명령의 효력이 거기에서 지시하는 소송의 소송물인 청구원인 채권에 미치는지 여부(적극)(대판 2018.6.28. 2016다203056)
>
> 판결 결과에 따라 제3채무자가 채무자에게 지급하여야 하는 금액을 피압류채권으로 표시한 경우 해당 소송의 소송물인 실체법상의 채권이 채권압류 및 추심명령의 대상이 된다고 볼 수밖에 없고, 결국 채권자가 받은 채권압류 및 추심명령의 효력은 거기에서 지시하는 소송의 소송물인 청구원인 채권에 미친다고 보아야 한다. 원고가 '압류 및 추심할 채권의 표시'에 위 부당이득반환소송의 사건번호를 기재하였다고 하더라도 이는 피압류채권을 그 소송에서의 청구원인 채권으로 특정하기 위한 것이지 그 범위를 단순히 그 소송의 결과에 따라 소외 1이 실제 지급하여야 하는 판결금채권만으로 한정하고자 하는 의미로 볼 수는 없다.

정답 ✕

02 제3자를 위한 계약에서 요약자가 제3자의 권리와는 별도로 낙약자에 대하여 제3자에게 급부를 이행할 것을 요구할 수 있는 권리를 가지며 이때 낙약자가 요약자의 이행청구에 응하지 않은 경우, 요약자는 낙약자에 대하여 제3자에게 급부를 이행할 것을 소로써 구할 이익이 있다. <small>예상</small>

> 제3자를 위한 계약에서 요약자가 제3자의 권리와는 별도로 낙약자에 대하여 제3자에게 급부를 이행할 것을 요구할 수 있는 권리를 가지는지 여부(적극) 및 이때 낙약자가 요약자의 이행청구에 응하지 않은 경우, 요약자는 낙약자에 대하여 제3자에게 급부를 이행할 것을 소로써 구할 이익이 있는지 여부(원칙적 적극)(대판 2022.1.27. 2018다259565)
>
> 이행의 소는 원칙적으로 원고가 이행청구권의 존재를 주장하는 것으로서 권리보호의 이익이 인정되고, 이행판결을 받아도 집행이 사실상 불가능하거나 현저히 곤란하다는 사정만으로 그 이익이 부정되는 것은 아니다. 제3자를 위한 계약에서 제3자는 채무자(낙약자)에 대하여 계약의 이익을 받을 의사를 표시한 때에 채무자에게 직접 이행을 청구할 수 있는 권리를 취득하고(민법 제539조), 요약자는 제3자를 위한 계약의 당사자로서 원칙적으로 제3자의 권리와는 별도로 낙약자에 대하여 제3자에게 급부를 이행할 것을 요구할 수 있는 권리를 가진다. 이때 낙약자가 요약자의 이행청구에 응하지 아니하면 특별한 사정이 없는 한 요약자는 낙약자에 대하여 제3자에게 급부를 이행할 것을 소로써 구할 이익이 있다.

정답 ○

03 사실심의 재판 실무에서 장래의 부당이득금의 계속적·반복적 지급을 명하는 판결의 주문에 '원고의 소유권 상실일까지'라는 표시는 장래의 부당이득반환의무의 '임의 이행' 여부와는 직접적인 관련이 없으므로, 이를 기재하지 않더라도 장래의 이행을 명하는 판결에 관한 법리에 어긋나지 않는다. 예상

> 사실심의 재판 실무에서 장래의 부당이득금의 계속적·반복적 지급을 명하는 판결의 주문에 광범위하게 사용되고 있는 '원고의 소유권 상실일까지'라는 표시가 이행판결의 주문 표시로서 바람직한지 여부(소극)(대판 2019.2.14. 2015다244432)
>
> 사실심의 재판 실무에서 장래의 부당이득금의 계속적·반복적 지급을 명하는 판결의 주문에 '원고의 소유권 상실일까지'라는 표시가 광범위하게 사용되고 있다. 그러나 <u>'원고의 소유권 상실일까지'라는 기재는 이행판결의 주문 표시로서 바람직하지 않다</u>. 그 이유는 다음과 같다.
> ① '원고의 소유권 상실일까지'라는 기재는 집행문 부여기관, 집행문 부여 명령권자, 집행기관의 조사·판단에 맡길 수 없고, <u>수소법원이 판단해야 할 사항인 소유권 변동 여부를 수소법원이 아닌 다른 기관의 판단에 맡기는 형태의 주문이다.</u>
> ② '원고의 소유권 상실일까지'라는 기재는 <u>확정된 이행판결의 집행력에 영향을 미칠 수 없는 무의미한 기재이다.</u>
> ③ '원고의 소유권 상실일'은 장래의 부당이득반환의무의 '임의 이행' 여부와는 직접적인 관련이 없으므로, 이를 기재하지 않더라도 장래의 이행을 명하는 판결에 관한 법리에 어긋나지 않는다.

정답 ○

04 1. 동일한 사실관계에서 발생한 손해의 배상을 목적으로 하더라도 채무불이행을 원인으로 하는 배상청구와 불법행위를 원인으로 한 배상청구는 청구원인을 달리하는 별개의 소송물이다. 예상
 2. 위 경우에 법원은 원고가 행사하는 청구권에 관하여 다른 청구권과는 별개로 그 성립요건과 법률효과의 인정 여부를 판단하여야 하며 계약 위반으로 인한 채무불이행이 성립한다고 하여 그것만으로 바로 불법행위가 성립한다고 판단하는 것은 이유불비 또는 이유모순의 잘못이 있다. 예상

> 하나의 행위가 계약상 채무불이행의 요건을 충족함과 동시에 불법행위의 요건도 충족하는 경우, 권리자는 경합하여 발생하는 손해배상청구권 중 어느 것이든 선택하여 행사할 수 있는지 여부(적극) / 이때 법원은 원고가 행사하는 청구권에 관하여 다른 청구권과는 별개로 그 성립요건과 법률효과의 인정 여부를 판단하여야 하는지 여부(적극)(대판 2021.6.24. 2016다210474)
>
> 채무불이행책임과 불법행위책임은 각각 요건과 효과를 달리하는 별개의 법률관계에서 발생하는 것이므로 하나의 행위가 계약상 채무불이행의 요건을 충족함과 동시에 불법행위의 요건도 충족하는 경우에는 두 개의 손해배상청구권이 경합하여 발생하고, 권리자는 위 두 개의 손해배상청구권 중 어느 것이든 선택하여 행사할 수 있다. 다만 <u>동일한 사실관계에서 발생한 손해의 배상을 목적으로 하는 경우에도 채무불이행을 원인으로 하는 배상청구와 불법행위를 원인으로 한 배상청구는 청구원인을 달리하는 별개의 소송물이므로, 법원은 원고가 행사하는 청구권에 관하여 다른 청구권과는 별개로 그 성립요건과 법률효과의 인정 여부를 판단하여야 한다. 계약 위반으로 인한 채무불이행이 성립한다고 하여 그것만으로 바로 불법행위가 성립하는 것은 아니다.</u>

정답 ○, ○

05 건물 임대인 甲은 임대차계약기간 만료일인 2015. 5. 2.이 경과 되었음에도 불구하고 건물 임차인 乙이 건물을 인도하지 않으므로 乙을 상대로 소를 제기하였다(임대차보증금 1억 원). 1심에서 법원이 "피고는 원고에게 2015. 5. 3.부터 별지 목록 기재 건물의 인도 완료일까지 매월 1,000,000원의 비율로 계산한 돈을 지급하라."는 판결을 선고하려면 甲의 청구에 미리 청구할 필요가 인정되어야 한다.

19변호사 변형

> 채무의 이행기가 장래에 도래할 예정이고 그때까지 채무불이행 사유가 계속 존속할 것이 변론종결 당시에 확정적으로 예정되어 있는 경우, 장래의 이행을 명하는 판결을 할 수 있는지 여부(적극)(대판 2018.7.26. 2018다227551)
>
> 민사소송법 제251조는 "장래에 이행할 것을 청구하는 소는 미리 청구할 필요가 있어야 제기할 수 있다."라고 정하고 있다. 채무자의 태도나 채무의 내용과 성질에 비추어 채무의 이행기가 도래하더라도 채무자의 이행을 기대할 수 없다고 판단되는 경우에는 미리 청구할 필요가 있다고 보아야 한다. 장래에 채무의 이행기가 도래할 예정인 경우에도 채무불이행 사유가 언제까지 존속할 것인지가 불확실하여 변론종결 당시에 확정적으로 채무자가 책임을 지는 기간을 예정할 수 없다면 장래의 이행을 명하는 판결을 할 수 없다. 그러나 채무의 이행기가 장래에 도래할 예정이고 그때까지 채무불이행 사유가 계속 존속할 것이 변론종결 당시에 확정적으로 예정되어 있다면, 장래의 이행을 명하는 판결을 할 수 있다.
>
> ⇨ 甲이 乙에게서 건물을 임차하였다가 임대차계약상 의무 위반 등을 주장하면서 임차보증금 반환 등을 구하는 소를 제기하여 조정이 성립하였는데, 甲이 조정 성립을 전후하여 건물에서 퇴거하면서 乙이 아닌 丙에게 건물의 열쇠를 건네주어 건물을 점유·사용케 하였고, 이에 乙이 甲을 상대로 조정 성립 다음 날부터 건물 인도 완료일까지 부당이득 또는 손해배상의 지급을 구한 사안에서, 甲이 乙이 아닌 丙에게 건물의 열쇠를 건네주어 점유·사용케 함으로써 乙은 건물을 인도받지 못하여 차임에 해당하는 손해를 입고 있는데, 丙이 甲의 양해를 얻어 건물을 점유한 이래 건물 인도를 거부하고 있고 甲이 여전히 乙에게 건물에 대한 인도의무를 부담하고 있는 이상, 甲의 불법행위로 인한 乙의 손해는 건물을 인도받을 때까지 계속해서 발생할 것이 확정적으로 예정되어 있다고 볼 여지가 있는데도, 丙이 건물을 직접 점유하고 있어 甲의 의사와 관계없이 乙의 손해 발생이 중단될 수도 있으므로 乙의 손해가 계속 발생할 것이 확정적으로 예정되어 있지 않다는 이유로 원심 변론종결 다음 날부터 건물 인도 완료일까지 부당이득 또는 손해배상의 지급을 구하는 부분은 장래의 이행을 명하는 판결을 하기 위한 요건을 갖추지 못한 것으로서 부적법하다고 본 원심판단에 법리오해의 잘못이 있다고 한 사례.

정답 ○

06 | 표준

당사자가 확정된 판결과 동일한 소송물에 기하여 신소를 제기하는 것이 시효중단 등 특별한 사정이 있어 예외적으로 허용되는 경우, 후소 법원으로서는 그 확정된 권리를 주장할 수 있는 모든 요건이 구비되어 있는지 여부에 관하여 다시 심리할 수는 없다.

전원합의체 | 19법전합-2 / 18법전합-1

> 확정판결에 의한 채권의 소멸시효기간인 10년의 경과가 임박한 경우, 시효중단을 위한 재소에 소의 이익이 있는지 여부(적극) 및 이때 후소 법원이 그 확정된 권리를 주장할 수 있는 모든 요건이 구비되어 있는지에 관하여 다시 심리할 수 있는지 여부(소극)(대판 2018.7.19. 2018다22008 전원합의체)
>
> **다수의견** 확정된 승소판결에는 기판력이 있으므로, 승소 확정판결을 받은 당사자가 그 상대방을 상대로 다시 승소 확정판결의 전소와 동일한 청구의 소를 제기하는 경우 그 후소는 권리보호의 이익이 없어 부적법하다. 하지만 <u>예외적으로 확정판결에 의한 채권의 소멸시효기간인 10년의 경과가 임박한 경우에는 그 시효중단을 위한 소는 소의 이익이 있다. 나아가 이러한 경우에 후소의 판결이 전소의 승소 확정판결의 내용에 저촉되어서는 아니 되므로, 후소 법원으로서는 그 확정된 권리를 주장할 수 있는 모든 요건이 구비되어 있는지 여부에 관하여 다시 심리할 수 없다</u>(대판 2018.4.24. 2017다293858 참조).
>
> 대법원은 종래 확정판결에 의한 채권의 소멸시효기간인 10년의 경과가 임박한 경우에는 그 시효중단을 위한 재소는 소의 이익이 있다는 법리를 유지하여 왔다. 이러한 법리는 현재에도 여전히 타당하다. 다른 시효중단사유인 압류·가압류나 승인 등의 경우 이를 1회로 제한하고 있지 않음에도 유독 재판상 청구의 경우만 1회로 제한되어야 한다고 보아야 할 합리적인 근거가 없다. 또한 확정판결에 의한 채무라 하더라도 채무자가 파산이나 회생제도를 통해 이로부터 전부 또는 일부 벗어날 수 있는 이상, 채권자에게는 시효중단을 위한 재소를 허용하는 것이 균형에 맞다.
>
> **반대의견** 다수의견은 판결로 확정된 채권이 변제 등으로 만족되지 않는 한 시효로 소멸되는 것은 막아야 한다는 것을 당연한 전제로 하고 있는데, 이는 채권의 소멸과 소멸시효제도를 두고 있는 민법의 기본 원칙과 확정판결의 기판력을 인정하는 민사소송의 원칙에 반하므로 동의할 수 없고, 다수의견이 따르고 있는 종전 대법원판례는 변경되어야 한다.
> ① 소멸시효가 완성하면 채권은 소멸한다. 채권은 '소멸'을 전제로 하는 한시성을 기본적 성질로 하고 있고, 민법은 만족되지 않은 채권의 소멸도 인정하고 있으므로, 소멸시효제도를 해석하고 적용함에 있어 만족되지 않은 채권이 소멸되는 것은 막아야 하고 이를 위해 채권이 만족될 때까지 존속기간을 연장해야 한다는 당위성이 인정되는 것은 아니다. 오히려 채권이 만족될 때까지 시효소멸을 방지해야 한다는 다수의견은 채권의 본질과 민법 규정에 어긋난다.
> ② 민법이 소멸시효와 시효중단 제도를 두고 있는 취지에 비추어 보면, 판결이 확정된 채권의 시효기간을 10년으로 정하고 있는 제165조 제1항과 '청구'를 시효중단사유로 규정하고 있는 제168조 제1호의 두 규정을 무한히 반복, 순환하면서 영원히 소멸하지 않는 채권을 상정하고 있다고 볼 수 없다. 그러나 다수의견에 따르면 1년의 단기소멸시효에 해당하는 채권도 10년마다 주기적으로 소송을 제기하여 판결을 받으면 영구적으로 존속하는 채권이 될 수 있다. 이러한 결론은 소멸시효제도를 두고 있는 우리 민법이 의도한 결과라고 할 수 없다.
> ③ 민사소송법상 이미 이행판결을 선고받아 유효한 집행권원을 가지고 있는 원고에게 다시 동일한 소송을 제기할 법적 이익은 인정되지 않는다. 민법이 제170조를 둠으로써 이러한 민사소송법의 원칙을 전제로 하여 적법한 재판상 청구만 시효중단사유로 삼은 이상, 승소의 확정판결이 이미 존재한다면 그 기판력 때문에 재판상 청구는 다시 주장할 수 없는 시효중단사유라고 보는 것이 논리적으로도 일관성이 있다.

④ 시효중단사유 중 승인은 채무자가 자신의 채무를 이행하겠다는 의사이므로 이를 제한할 이유는 없다. 이와 달리 이미 유효한 압류, 가압류, 가처분이 있다면 이와 동일한 신청을 중복하여 제기하는 것은 부적법하므로 허용되지 않는다. 또한 민법은 제174조에서 최고를 아무리 여러 번 하더라도 시효중단의 효력을 반복적으로 인정하지 않겠다고 단호히 선언하고 있다. 이러한 점에서 시효중단을 위한 재소를 허용하지 않는 것이 민법 제168조에서 정한 다른 시효중단사유와 재판상 청구를 달리 취급하는 것이 아니다.
⑤ 시효중단을 위한 재소를 허용하여 영구적으로 소멸하지 않는 채권의 존재를 인정하게 되면, 각종 채권추심기관의 난립과 횡행을 부추겨 충분한 변제능력이 없는 경제적 약자가 견뎌야 할 채무의 무게가 더욱 무거워지는 사회적 문제도 따른다.

주요쟁점 확정된 승소판결에 대해서는 동일한 소를 다시 제기할 수 없지만 소멸시효가 임박한 경우에는 예외적으로 소의 이익이 있다고 보았으나, 후소 법원이 확정된 권리를 주장할 수 있는 모든 요건이 구비되어 있는지를 다시 심리할 수는 없다고 본 대법원 전원합의체 판결

정답 ○

07 당사자와 소송물이 동일한 소송이 시간을 달리하여 제기된 경우 전소가 후소의 변론종결 시까지 취하·각하 등에 의하여 소송계속이 소멸되지 않으면 후소는 중복제소금지에 위반하여 제기된 소송으로서 부적법하다.

예상

당사자와 소송물이 동일한 소송이 시간을 달리하여 제기되었으나, 전소가 후소의 변론종결 시까지 취하·각하 등에 의하여 소송계속이 소멸되지 않은 경우, 후소가 적법한지 여부(소극)(대판 2017.11.14. 2017다23066)

법원에 계속되어 있는 사건에 대하여 당사자는 다시 소를 제기하지 못한다(민사소송법 제259조). 따라서 당사자와 소송물이 동일한 소송이 시간을 달리하여 제기된 경우 전소가 후소의 변론종결 시까지 취하·각하 등에 의하여 소송계속이 소멸되지 않으면 후소는 중복제소금지에 위반하여 제기된 소송으로서 부적법하다. 한편 확정된 승소판결에는 기판력이 있으므로 승소 확정판결을 받은 당사자가 전소의 상대방을 상대로 다시 승소 확정판결의 전소와 동일한 청구의 소를 제기하는 경우, 특별한 사정이 없는 한 후소는 권리보호의 이익이 없어 부적법하다.

주요쟁점 전소가 소송요건을 구비하지 못하여 부적법한 경우라도 후소의 변론종결 시까지 전소가 취하, 각하되지 않으면 후소는 중복소송에 해당하여 부적법함을 밝힌 판결

정답 ○

08 표준

1. 대여금청구의 소에서 승소확정판결을 받은 원고가 판결 확정 후 10년이 다가오자 소멸시효의 완성을 막기 위해 전소 판결로 확정된 채권의 시효를 중단시키기 위한 재판상의 청구가 있다는 점에 대하여만 확인을 구하는 후소를 제기하는 경우 전소의 기판력이 후소에 미친다. 전원합의체 | 20법전합-1

2. 채권자가 전소로 이행청구를 하여 승소 확정판결을 받은 후 그 채권의 시효 중단을 위한 후소를 제기하는 경우, 후소로 재판상의 청구가 있다는 점에 대하여만 확인을 구하는 형태의 확인의 소도 허용된다. 22변호사 / 22법전합-1

> **소멸시효 중단을 위한 후소로서 기존의 '이행소송' 외에 이른바 '새로운 방식의 확인소송'을 허용할 것인지 여부**(대판 2018.10.18. 2015다232316 전원합의체)
>
> **[다수의견]** 종래 대법원은 시효중단사유로서 재판상의 청구에 관하여 반드시 권리 자체의 이행청구나 확인청구로 제한하지 않을 뿐만 아니라, 권리자가 재판상 그 권리를 주장하여 권리 위에 잠자는 것이 아님을 표명한 것으로 볼 수 있는 때에는 널리 시효중단사유로서 재판상의 청구에 해당하는 것으로 해석하여 왔다. 이와 같은 법리는 <u>이미 승소 확정판결을 받은 채권자가 그 판결상 채권의 시효중단을 위해 후소를 제기하는 경우</u>에도 동일하게 적용되므로, 채권자가 전소로 이행청구를 하여 승소 확정판결을 받은 후 그 채권의 시효중단을 위한 후소를 제기하는 경우, 그 후소의 형태로서 항상 전소와 동일한 이행청구만이 시효중단사유인 '재판상의 청구'에 해당한다고 볼 수는 없다.
>
> 시효중단을 위한 이행소송은 다양한 문제를 야기한다. 그와 같은 문제들의 근본적인 원인은 시효중단을 위한 후소의 형태로 전소와 소송물이 동일한 이행소송이 제기되면서 채권자가 실제로 의도하지도 않은 청구권의 존부에 관한 실체 심리를 진행하는 데에 있다. 채무자는 그와 같은 후소에서 전소 판결에 대한 청구이의사유를 조기에 제출하도록 강요되고 법원은 불필요한 심리를 해야 한다. 채무자는 이중집행의 위험에 노출되고, 실질적인 채권의 관리·보전비용을 추가로 부담하게 되며 그 금액도 매우 많은 편이다. 채권자 또한 자신이 제기한 후소의 적법성이 10년의 경과가 임박하였는지 여부라는 불명확한 기준에 의해 좌우되는 불안정한 지위에 놓이게 된다. 이처럼 시효중단을 위한 이행소송은 이를 제기한 채권자의 의사에도 부합하지 않을 뿐만 아니라 채권자와 채무자의 법률적 지위마저 불안정하게 한다. 그럼에도 시효중단을 위한 후소로서 이행소송만이 제기되어 온 것은 종래 '재판상의 청구'의 가장 전형적인 형태가 이행소송이라고 하는 고정 관념에 따라 확정판결의 기판력과 집행력에 관한 깊이 있는 고찰 없이 단지 기판력 저촉을 우회하는 수단으로서 시효완성이 임박했다는 모호한 기준에 기초하여 이를 규율해 오면서도, 보다 적정하고 효율적인 절차적 도구를 고안함으로써 위와 같은 불합리를 시정하려는 노력을 기울이지 않은 데 그 원인이 있다.
>
> 위와 같은 종래 실무의 문제점을 해결하기 위해서, <u>시효중단을 위한 후소로서 이행소송 외에 전소 판결로 확정된 채권의 시효를 중단시키기 위한 조치, 즉 '재판상의 청구'가 있다는 점에 대하여만 확인을 구하는 형태의 '새로운 방식의 확인소송'이 허용되고, 채권자는 두 가지 형태의 소송 중 자신의 상황과 필요에 보다 적합한 것을 선택하여 제기할 수 있다고 보아야 한다.</u>
>
> **주요쟁점** 시효중단을 위한 후소로서 이행소송 외에 '재판상의 청구'가 있다는 점에 대해 확인을 구하는 '새로운 방식의 확인소송'이 허용되며, 이 두 가지 형태 중 자신의 상황과 필요에 보다 적합한 것을 채권자가 선택할 수 있음을 밝힌 대법원 전원합의체 판결

정답 ×, ○

09
표준

1. 채무자가 제3채무자를 상대로 금전채권의 이행을 구하는 소를 제기한 후 채권자가 위 금전채권에 대하여 압류 및 추심명령을 받아 제3채무자를 상대로 추심의 소를 제기한 경우, 채무자가 권리주체의 지위에서 한 시효중단의 효력은 추심채권자에게 미치지 않는다. 예상

2. 채무자가 제3채무자를 상대로 제기한 금전채권의 이행소송이 압류 및 추심명령으로 인한 당사자적격의 상실로 각하되더라도, 당사자적격을 취득한 추심채권자가 위 각하판결이 확정된 날로부터 6개월 내에 제3채무자를 상대로 추심의 소를 제기하였다면, 채무자가 제기한 재판상 청구로 인하여 발생한 시효중단의 효력은 추심채권자의 추심소송에서도 그대로 유지된다. 예상

[1] 채무자가 제3채무자를 상대로 금전채권의 이행을 구하는 소를 제기한 후 채권자가 위 금전채권에 대하여 압류 및 추심명령을 받아 제3채무자를 상대로 추심의 소를 제기한 경우, 채무자가 권리주체의 지위에서 한 시효중단의 효력이 추심채권자에게 미치는지 여부(적극)

채무자의 제3채무자에 대한 금전채권에 대하여 압류 및 추심명령이 있더라도, 이는 추심채권자에게 피압류채권을 추심할 권능만을 부여하는 것이고, 이로 인하여 채무자가 제3채무자에게 가지는 채권이 추심채권자에게 이전되거나 귀속되는 것은 아니다. 따라서 채무자가 제3채무자를 상대로 금전채권의 이행을 구하는 소를 제기한 후 채권자가 위 금전채권에 대하여 압류 및 추심명령을 받아 제3채무자를 상대로 추심의 소를 제기한 경우, 채무자가 권리주체의 지위에서 한 시효중단의 효력은 집행법원의 수권에 따라 피압류채권에 대한 추심권능을 부여받아 일종의 추심기관으로서 그 채권을 추심하는 추심채권자에게도 미친다.

[2] 채무자가 제3채무자를 상대로 제기한 금전채권의 이행소송이 압류 및 추심명령에 따른 당사자적격의 상실로 각하되었으나 이행소송 계속 중 피압류채권에 대하여 당사자적격을 취득한 추심채권자가 각하판결이 확정된 날로부터 6개월 내에 제3채무자를 상대로 추심의 소를 제기한 경우, 채무자의 재판상 청구에 따른 시효중단의 효력이 추심채권자의 추심소송에서 그대로 유지되는지 여부(적극) (대판 2019.7.25. 2019다212945)

재판상의 청구는 소송의 각하, 기각 또는 취하의 경우에는 시효중단의 효력이 없지만, 그 경우 6개월 내에 재판상의 청구, 파산절차참가, 압류 또는 가압류, 가처분을 한 때에는 시효는 최초의 재판상 청구로 인하여 중단된 것으로 본다(민법 제170조). 그러므로 채무자가 제3채무자를 상대로 제기한 금전채권의 이행소송이 압류 및 추심명령으로 인한 당사자적격의 상실로 각하되더라도, 위 이행소송의 계속 중에 피압류채권에 대하여 채무자에 갈음하여 당사자적격을 취득한 추심채권자가 위 각하판결이 확정된 날로부터 6개월 내에 제3채무자를 상대로 추심의 소를 제기하였다면, 채무자가 제기한 재판상 청구로 인하여 발생한 시효중단의 효력은 추심채권자의 추심소송에서도 그대로 유지된다고 보는 것이 타당하다.

주요쟁점 채무자가 제3채무자를 상대로 금전채권의 이행을 구하는 소를 제기한 후 채권자가 위 금전채권에 대하여 압류 및 추심명령을 받아 제3채무자를 상대로 추심의 소를 제기한 경우 채무자가 권리주체의 지위에서 한 시효중단의 효력이 추심채권자에게 미침을 확인한 판결

정답 ✕, ○

10
표준

확정판결에 의한 채권의 소멸시효기간인 10년의 경과가 임박한 경우에 그 시효중단을 위한 소는 소의 이익이 있다.

22법전협-1 / 21변호사

> 확정판결에 의한 채권의 소멸시효기간인 10년의 경과가 임박한 경우, 시효중단을 위한 재소에 소의 이익이 있는지 여부(적극) / 시효중단을 위한 후소 절차에서 채무자인 피고가 전소의 변론종결 후에 발생한 변제, 상계, 면제 등과 같은 채권소멸사유를 들어 항변할 수 있는지 여부(적극) 및 이는 소멸시효 완성의 경우에도 마찬가지인지 여부(적극) / 후소가 전소 판결이 확정된 후 10년이 지나 제기되었더라도 법원은 채무자인 피고의 항변에 따라 원고의 채권이 소멸시효 완성으로 소멸하였는지에 관한 본안판단을 하여야 하는지 여부(원칙적 적극)(대판 2019.1.17. 2018다24349)
>
> 확정된 승소판결에는 기판력이 있으므로 승소 확정판결을 받은 당사자가 전소의 상대방을 상대로 다시 승소 확정판결의 전소와 동일한 청구의 소를 제기하는 경우, 특별한 사정이 없는 한 후소는 권리보호의 이익이 없어 부적법하다. 하지만 예외적으로 <u>확정판결에 의한 채권의 소멸시효기간인 10년의 경과가 임박한 경우에는 그 시효중단을 위한 소는 소의 이익이 있다.</u> 이는 승소판결이 확정된 후 그 채권의 소멸시효기간인 10년의 경과가 임박하지 않은 상태에서 굳이 다시 동일한 소를 제기하는 것은 확정판결의 기판력에 비추어 권리보호의 이익을 인정할 수 없으나, 그 기간의 경과가 임박한 경우에는 시효중단을 위한 필요성이 있으므로 후소를 제기할 소의 이익을 인정하는 것이다. 한편 시효중단을 위한 후소의 판결은 전소의 승소 확정판결의 내용에 저촉되어서는 아니 되므로, 후소 법원으로서는 그 확정된 권리를 주장할 수 있는 모든 요건이 구비되어 있는지에 관하여 다시 심리할 수 없으나, 위 후소 판결의 기판력은 후소의 변론종결 시를 기준으로 발생하므로, 전소의 변론종결 후에 발생한 변제, 상계, 면제 등과 같은 채권소멸사유는 후소의 심리대상이 된다. 따라서 채무자인 피고는 후소 절차에서 위와 같은 사유를 들어 항변할 수 있고 심리 결과 그 주장이 인정되면 법원은 원고의 청구를 기각하여야 한다. 이는 채권의 소멸사유 중 하나인 소멸시효 완성의 경우에도 마찬가지이다. 이처럼 판결이 확정된 채권의 소멸시효기간의 경과가 임박하였는지 여부에 따라 시효중단을 위한 후소의 권리보호이익을 달리 보는 취지와 채권의 소멸시효 완성이 갖는 효과 등을 고려해 보면, 시효중단을 위한 후소를 심리하는 법원으로서는 전소 판결이 확정된 후 소멸시효가 중단된 적이 있어 그 중단사유가 종료한 때로부터 새로이 진행된 소멸시효기간의 경과가 임박하지 않아 시효중단을 위한 재소의 이익을 인정할 수 없다는 등의 특별한 사정이 없는 한, <u>후소가 전소 판결이 확정된 후 10년이 지나 제기되었다 하더라도 곧바로 소의 이익이 없다고 하여 소를 각하해서는 아니 되고, 채무자인 피고의 항변에 따라 원고의 채권이 소멸시효 완성으로 소멸하였는지에 관한 본안판단을 하여야 한다.</u>
>
> **주요쟁점** 시효중단을 위한 후소 절차에서 채무자인 피고가 전소의 변론종결 후에 발생한 변제, 상계, 면제 등과 같은 채권소멸 사유를 들어 항변할 수 있고, 이러한 법리는 채권소멸 사유 중 하나인 소멸시효 완성의 경우도 마찬가지임을 밝힌 판결

정답 ◯

11 소장에서 청구의 대상으로 삼은 채권 중 일부만을 청구하면서 소송의 진행경과에 따라 장차 청구금액을 확장할 뜻을 표시하였더라도 그 후 채권의 특정 부분을 청구범위에서 명시적으로 제외하였다면, 그 부분에 대하여는 재판상 청구로 인한 시효중단의 효력이 발생하지 않는다. 예상

> 추후 감정 등을 통하여 청구금액을 확정할 것을 전제로 하자보수에 갈음한 손해배상액 중 일부를 청구하였다가, 이후 청구금액을 확장하면서 부가가치세 상당액 부분은 청구범위에서 제외한다는 의사를 밝힌 경우 소제기로 소멸시효가 중단되는 채권의 범위(대판 2021.6.10. 2018다44114)
> 하나의 채권 중 일부에 관하여만 판결을 구한다는 취지를 명백히 하여 소송을 제기한 경우에는 소 제기에 의한 소멸시효중단의 효력이 그 일부에 관하여만 발생하고, 나머지 부분에는 발생하지 않는다. 다만 소장에서 청구의 대상으로 삼은 채권 중 일부만을 청구하면서 소송의 진행경과에 따라 장차 청구금액을 확장할 뜻을 표시하고 해당 소송이 종료될 때까지 실제로 청구금액을 확장한 경우에는 소 제기 당시부터 채권 전부에 관하여 재판상 청구로 인한 시효중단의 효력이 발생하나, 소장에서 청구의 대상으로 삼은 채권 중 일부만을 청구하면서 소송의 진행경과에 따라 장차 청구금액을 확장할 뜻을 표시하였더라도 그 후 채권의 특정 부분을 청구범위에서 명시적으로 제외하였다면, 그 부분에 대하여는 애초부터 소의 제기가 없었던 것과 마찬가지이므로 재판상 청구로 인한 시효중단의 효력이 발생하지 않는다.
> ⇨ 추후 감정 등을 통하여 청구금액을 확장할 것을 전제로 아파트 하자에 따른 손해배상액 중 일부를 청구한다는 취지로 소를 제기하였다가, 이후 청구금액을 확장하면서 청구범위에서 부가가치세 상당액은 모두 제외하겠다는 의사를 표시하였고 이에 따라 제1심판결까지 이루어졌으나, 원심에 이르러 종전 주장을 철회하고 부가가치세 상당의 손해배상을 다시 구한 사안에서, 부가가치세 상당액의 손해배상채권은 5년의 시효가 완성되어 소멸하였다고 판단하면서 이 사건 소제기로 위 부가가치세 상당액의 손해배상채권에 대한 소멸시효가 중단되었다는 원고 주장을 배척한 원심 판단을 수긍한 사례

정답 ○

12 미등기토지에 대하여 토지대장이나 임야대장의 소유자 명의인 표시 란에 구체적 주소나 인적사항에 관한 기재가 없어서 그 명의인을 특정할 수 없는 경우에는 그 소유명의인의 채권자가 국가를 상대로 소유명의인을 대위하여 소유권확인의 확정판결을 받더라도 이 확인판결에는 소유자가 특정되지 않아 특정인이 위 토지의 소유자임을 증명하는 확정판결이라고 볼 수 없다. 예상

> 국가를 상대로 한 토지소유권확인청구가 확인의 이익이 있는 경우 / 미등기토지에 대하여 토지대장이나 임야대장의 소유자 명의인 표시란에 구체적 주소나 인적사항에 관한 기재가 없어서 그 명의인을 특정할 수 없는 경우, 소유명의인의 채권자가 국가를 상대로 소유명의인을 대위하여 소유권확인의 확정판결을 받았다면 그 판결을 특정인이 위 토지의 소유자임을 증명하는 확정판결이라고 볼 수 있는지 여부(소극)(대판 2021.7.21. 2020다300893)
> [1] 국가를 상대로 한 토지소유권확인청구는 어느 토지가 미등기이고, 토지대장이나 임야대장상에 등록명의자가 없거나 등록명의자가 누구인지 알 수 없을 때와 그 밖에 국가가 등록명의자인 제3자의 소유를 부인하면서 계속 국가 소유를 주장하는 등 특별한 사정이 있는 경우에 한하여 그 확인의 이익이 있다.

[2] 부동산등기법 제65조 제2호는 확정판결에 의하여 자기의 소유권을 증명하는 자는 미등기의 토지에 관한 소유권보존등기를 신청할 수 있는 것으로 규정하고 있고, 부동산등기규칙 제46조 제1항 제6호는 보존등기 신청 시 등기권리자의 주소 및 주민등록번호를 증명하는 정보를 첨부정보로서 등기소에 제공하여야 한다고 규정한다. 따라서 <u>미등기토지에 대하여 토지대장이나 임야대장의 소유자 명의인 표시란에 구체적 주소나 인적사항에 관한 기재가 없어서 그 명의인을 특정할 수 없는 경우에는 그 소유명의인의 채권자가 국가를 상대로 소유명의인을 대위하여 소유권확인의 확정판결을 받더라도 이 확인판결에는 소유자가 특정되지 않아 특정인이 위 토지의 소유자임을 증명하는 확정판결이라고 볼 수 없다.</u>

정답 ○

13 토지대장상의 소유자 표시 중 주소 기재의 일부가 누락된 경우 토지대장상 토지소유자의 채권자는 소유권보존등기의 신청을 위하여 토지소유자를 대위하여 국가를 상대로 소유권확인을 구할 이익이 있다.

예상

국가를 상대로 한 토지소유권확인의 소에서 확인의 이익이 인정되는 경우 및 토지대장상의 소유자 표시 중 주소 기재의 일부가 누락된 경우, 토지대장상 토지소유자의 채권자가 소유권보존등기의 신청을 위하여 토지소유자를 대위하여 국가를 상대로 소유권확인을 구할 이익이 있는지 여부(적극)(대판 2019.5.16. 2018다242246)

국가를 상대로 한 토지소유권확인청구는 토지가 미등기이고 토지대장이나 임야대장상에 등록명의자가 없거나 등록명의자가 누구인지 알 수 없을 때와 그 밖에 국가가 등기 또는 등록명의자인 제3자의 소유를 부인하면서 계속 국가소유를 주장하는 등 특별한 사정이 있는 경우에 한하여 확인의 이익이 있다. 공간정보의 구축 및 관리 등에 관한 법률 제87조 제4호에 의하면 채권자는 자기의 채권을 보전하기 위하여 채무자인 토지소유자가 위 법에 따라 하여야 하는 신청을 대위할 수 있으나, 같은 법 제84조에 따른 지적공부의 등록사항 정정은 대위하여 신청할 수 없다. 토지대장상의 소유자 표시 중 주소 기재의 일부가 누락된 경우는 등록명의자가 누구인지 알 수 없는 경우에 해당하여 토지대장에 의하여 소유권보존등기를 신청할 수 없고, 토지대장상 토지소유자의 채권자는 토지소유자를 대위하여 토지대장상 등록사항을 정정할 수 없으므로, <u>토지대장상 토지소유자의 채권자는 소유권보존등기의 신청을 위하여 토지소유자를 대위하여 국가를 상대로 소유권확인을 구할 이익이 있다고 보아야 한다.</u>

정답 ○

14

1. 乙이 소유자와 무효인 가등기를 유용하기로 합의한 후 그 가등기에 기하여 乙 명의의 본등기를 마치자 등기공무원이 그 가등기 이후에 마쳐진 甲 명의의 강제경매개시결정 기입등기를 직권으로 말소한 경우, 경매개시결정 기입등기의 말소등기는 무효이고, 乙은 경매개시결정 기입등기의 말소회복등기에 관하여 등기상 이해관계 있는 제3자로서 승낙의 의사표시를 할 의무가 있다. 　　예상

2. 부동산 강제경매개시결정 기입등기는 법원의 촉탁에 의하여 행하여지기는 하나, 법원의 촉탁에 의하여 말소된 경우 강제경매 신청채권자는 말소된 강제경매개시결정 기입등기의 회복등기절차의 이행을 소구할 이익이 있다. 　　예상

> 강제경매개시결정 기입등기가 법원의 촉탁에 의하여 말소된 경우, 강제경매 신청채권자가 말소된 기입등기의 회복등기절차 이행을 소구할 이익이 있는지 여부(소극) 및 이 경우 강제경매 신청채권자가 기입등기 말소 당시 소유권이전등기를 경료하고 있던 사람을 상대로 기입등기의 회복절차에 대한 승낙청구의 소를 제기할 수 있는지 여부(적극)(대판 2019.5.16. 2015다253573)
>
> [1] 부동산 강제경매개시결정 기입등기는 채권자나 채무자가 직접 등기공무원에게 이를 신청하여 행할 수는 없고 반드시 법원의 촉탁에 의하여 행하여지는데, 이와 같이 당사자가 신청할 수 없는 강제경매개시결정 기입등기가 법원의 촉탁에 의하여 말소된 경우에는 그 회복등기도 법원의 촉탁에 의하여 행하여져야 하므로, 이 경우 강제경매 신청채권자가 말소된 강제경매개시결정 기입등기의 회복등기절차의 이행을 소구할 이익은 없고, 다만 강제경매개시결정 기입등기가 말소될 당시 그 부동산에 관하여 소유권이전등기를 경료하고 있는 사람은 법원이 강제경매개시결정 기입등기의 회복을 촉탁함에 있어서 등기상 이해관계 있는 제3자에 해당하므로, 강제경매 신청채권자로서는 그 사람을 상대로 하여 법원의 촉탁에 의한 강제경매개시결정 기입등기의 회복절차에 대한 승낙청구의 소를 제기할 수는 있다.
>
> [2] 甲 명의로 소유권보존등기가 되어 있던 부동산 지분에 관하여 위조된 甲과 乙 명의의 매매예약계약서로 매매예약을 원인으로 하는 乙 명의의 지분전부이전청구권가등기가 마쳐진 상태에서 丙이 甲의 채권자로서 강제경매신청을 하여 위 지분에 관한 강제경매개시결정 기입등기가 마쳐졌는데, 그 후 乙이 甲으로부터 위 지분을 매수하면서 무효인 위 가등기를 유용하기로 합의하여 위 지분에 관하여 가등기에 기한 본등기로서 매매를 원인으로 한 乙 명의의 지분전부이전등기가 마쳐지고 강제경매개시결정 기입등기가 가등기에 의하여 보전되는 권리를 침해하는 등기로서 직권 말소되자, 丙이 乙을 상대로 강제경매개시결정 기입등기의 말소회복등기에 대한 승낙의 의사표시를 구한 사안에서, 丙이 무효인 가등기의 유용합의가 있기 전에 강제경매개시결정을 통해 위 지분을 압류하여 등기부상 이해관계를 가지게 되었으므로 乙은 丙에게 가등기의 유용합의로써 대항할 수 없고, 이에 따라 강제경매개시결정 기입등기는 가등기의 순위보전의 효력에 반하지 아니하여 직권으로 말소될 것이 아닌데도 원인 없이 말소되었으므로 강제경매개시결정 기입등기의 말소등기는 무효이며, <u>말소회복이 될 강제경매개시결정 기입등기와 본등기는 양립 가능하여 乙은 강제경매개시결정 기입등기의 말소회복등기에 관하여 등기상 이해관계 있는 제3자로서 승낙의 의사표시를 할 의무가 있는데도</u>, 말소회복이 될 강제경매개시결정 기입등기와 본등기는 양립할 수 없어 본등기를 먼저 말소하지 않는 한 강제경매개시결정 기입등기의 말소회복등기를 할 수 없으므로 丙이 가등기 및 본등기 명의자인 乙을 상대로 한 승낙청구는 당사자적격이 없는 사람에 대한 청구로서 부적법하다고 판단한 원심판결에는 말소회복등기에서 등기상 이해관계 있는 제3자의 승낙의무에 관한 법리오해의 잘못이 있다고 한 사례.

정답 ○, ×

15 적법하게 제기된 감사 지위의 확인을 구하는 소에서 환송 후 원심의 심리 도중 감사의 임기가 만료되어 후임 감사가 선임되었다면 종전의 감사 지위 확인 청구는 과거의 법률관계에 대한 확인을 구하는 것이므로 확인의 이익이 없다. 예상

> [1] 주식회사 이사나 감사의 직무집행을 정지하고 직무대행자를 선임하는 가처분결정이 있는 경우, 이사 등의 임기가 당연히 정지되거나 가처분결정이 존속하는 기간만큼 연장되는지 여부(원칙적 소극)
> 주식회사의 이사나 감사를 피신청인으로 하여 그 직무집행을 정지하고 직무대행자를 선임하는 가처분이 있는 경우 가처분결정은 이사 등의 직무집행을 정지시킬 뿐 이사 등의 지위나 자격을 박탈하는 것이 아니므로, 특별한 사정이 없는 한 가처분결정으로 인하여 이사 등의 임기가 당연히 정지되거나 가처분결정이 존속하는 기간만큼 연장된다고 할 수 없다. 나아가 위와 같은 가처분결정은 성질상 당사자 사이뿐만 아니라 제3자에 대해서도 효력이 미치지만, 이는 어디까지나 직무집행행위의 효력을 제한하는 것일 뿐이므로, 이사 등의 임기 진행에 영향을 주는 것은 아니다.
>
> [2] 과거의 법률관계가 확인의 소의 대상이 될 수 있는 경우
> 일반적으로 과거의 법률관계는 확인의 소의 대상이 될 수 없지만, 그것이 이해관계인들 사이에 현재적 또는 잠재적 분쟁의 전제가 되어 과거의 법률관계 자체의 확인을 구하는 것이 관련된 분쟁을 일거에 해결하는 유효·적절한 수단이 될 수 있는 경우에는 예외적으로 확인의 이익이 인정된다.
>
> [3] 갑 주식회사의 주주들이 법원의 허가를 받아 개최한 주주총회에서 을이 감사로 선임되었는데도 갑 회사가 감사 임용계약의 체결을 거부하자, 을이 갑 회사를 상대로 감사 지위의 확인을 구하는 소를 제기하여, 소를 제기할 당시는 물론 대법원이 을의 청구를 받아들이는 취지의 환송판결을 할 당시에도 을의 감사로서 임기가 남아 있었는데, 환송 후 원심의 심리 도중 을의 임기가 만료되어 후임 감사가 선임된 사안에서, 종전의 감사 지위 확인 청구가 과거의 법률관계에 대한 확인을 구하는 것이 되었다는 등의 이유만으로 확인의 이익이 없다고 보아 을의 청구를 부적법 각하한 원심판결에는 법리오해의 잘못이 있다고 한 사례(대판 2020.8.20. 2018다249148)
> <u>갑 주식회사의 주주들이 법원의 허가를 받아 개최한 주주총회에서 을이 감사로 선임되었는데도 갑 회사가 감사 임용계약의 체결을 거부하자, 을이 갑 회사를 상대로 감사 지위의 확인을 구하는 소를 제기하여, 소를 제기할 당시는 물론 대법원이 을의 청구를 받아들이는 취지의 환송판결을 할 당시에도 을의 감사로서 임기가 남아 있었는데, 환송 후 원심의 심리 도중 을의 임기가 만료되어 후임 감사가 선임된 사안에서, 을의 임기가 만료되고 후임 감사가 선임됨으로써 을의 감사 지위 확인 청구가 과거의 법률관계에 대한 확인을 구하는 것이 되었으나, 과거의 법률관계라고 할지라도 현재의 권리 또는 법률상 지위에 영향을 미치고 이에 대한 위험이나 불안을 제거하기 위하여 그 법률관계에 관한 확인판결을 받는 것이 유효·적절한 수단이라고 인정될 때에는 확인을 구할 이익이 있으므로, 을에게 현재의 권리 또는 법률상 지위에 대한 위험이나 불안을 제거하기 위해 과거의 법률관계에 대한 확인을 구할 이익이나 필요성이 있는지를 석명하고 이에 관한 의견을 진술하게 하거나 청구취지를 변경할 수 있는 기회를 주어야 하는데도, 종전의 감사 지위 확인 청구가 과거의 법률관계에 대한 확인을 구하는 것이 되었다는 등의 이유만으로 확인의 이익이 없다고 보아 을의 청구를 부적법 각하한 원심판결에는 확인소송에서 확인의 이익 및 석명의무의 범위에 관한 법리오해의 잘못이 있다고 한 사례.</u>

정답 ✕

16
1. 경매절차에서 유치권이 주장되었으나 소유부동산 또는 담보목적물이 매각되어 그 소유권이 이전되어 소유권을 상실하거나 근저당권이 소멸하였다면, 소유자와 근저당권자는 유치권의 부존재 확인을 구할 법률상 이익이 없다. 예상
2. 부동산 경매절차에서 유치권이 주장되지 아니한 경우에는, 담보목적물이 매각되어 그 소유권이 이전됨으로써 근저당권이 소멸하였더라도 채권자인 근저당권자는 유치권을 주장하는 자를 상대로 유치권 부존재확인을 구할 법률상 이익이 있다. 22변호사

> [1] 확인의 이익 등 소송요건이 법원의 직권조사사항인지 여부(적극) 및 사실심 변론종결 이후 소송요건이 흠결되거나 흠결이 치유된 경우 상고심에서 이를 참작하여야 하는지 여부(적극)
>
> 확인의 소는 원고의 권리 또는 법률상의 지위에 현존하는 불안·위험이 있고, 확인판결을 받는 것이 그 분쟁을 근본적으로 해결하는 가장 유효·적절한 수단일 때에 허용된다. 그리고 확인의 이익 등 소송요건은 직권조사사항으로서 당사자가 주장하지 않더라도 법원이 직권으로 조사하여 판단하여야 하고, 사실심 변론종결 이후에 소송요건이 흠결되거나 그 흠결이 치유된 경우 상고심에서도 이를 참작하여야 한다.
>
> [2] 경매절차에서 유치권이 주장되었으나 소유부동산 또는 담보목적물이 매각된 경우, 소유권을 상실하거나 근저당권이 소멸된 소유자와 근저당권자가 유치권의 부존재 확인을 구할 법률상 이익이 있는지 여부(소극)
>
> 근저당권자에게 담보목적물에 관하여 각 유치권의 부존재 확인을 구할 법률상 이익이 있다고 보는 것은 경매절차에서 유치권이 주장됨으로써 낮은 가격에 입찰이 이루어져 근저당권자의 배당액이 줄어들 위험이 있다는 데에 근거가 있고, 이는 소유자가 그 소유의 부동산에 관한 경매절차에서 유치권의 부존재 확인을 구하는 경우에도 마찬가지이다. 위와 같이 경매절차에서 <u>유치권이 주장되었으나 소유부동산 또는 담보목적물이 매각되어 그 소유권이 이전되어 소유권을 상실하거나 근저당권이 소멸하였다면, 소유자와 근저당권자는 유치권의 부존재 확인을 구할 법률상 이익이 없다.</u>
>
> [3] 경매절차에서 유치권이 주장되지 아니한 경우, 채권자인 근저당권자가 유치권의 부존재 확인을 구할 법률상 이익이 있는지 여부(적극) 및 이때 채무자가 아닌 소유자가 유치권의 부존재 확인을 구할 법률상 이익이 있는지 여부(소극)(대판 2020.1.16. 2019다247385)
>
> 경매절차에서 유치권이 주장되지 아니한 경우에는, 담보목적물이 매각되어 그 소유권이 이전됨으로써 근저당권이 소멸하였더라도 채권자는 유치권의 존재를 알지 못한 매수인으로부터 민법 제575조, 제578조 제1항, 제2항에 의한 담보책임을 추급당할 우려가 있고, 위와 같은 위험은 채권자의 법률상 지위를 불안정하게 하는 것이므로, <u>채권자인 근저당권자로서는 위 불안을 제거하기 위하여 유치권 부존재 확인을 구할 법률상 이익이 있다. 반면 채무자가 아닌 소유자는 위 각 규정에 의한 담보책임을 부담하지 아니하므로, 유치권의 부존재 확인을 구할 법률상 이익이 없다.</u>

정답 ○, ○

17 甲의 소유인 A 부동산에 관하여 乙, 丙에게 순차로 소유권이전등기가 마쳐졌는데, 甲이 소유권에 기한 청구로써 등기부상 소유명의를 회복하고자 한다. 甲이 丙을 피고로 소유권이전등기말소청구소송(전소)을 제기하여 패소판결을 받아 확정된 후, 甲이 乙을 피고로 소유권이전등기말소청구소송(후소)을 제기한 경우, 후소는 소의 이익이 인정된다. 18법전협-3

[1] 등기관이 부동산등기법 제33조에 따라 현재 효력이 있는 등기만을 새로운 등기기록에 옮겨 기록한 후 종전 등기기록을 폐쇄하는 경우, 폐쇄등기 자체를 대상으로 하여 말소등기절차의 이행을 구할 소의 이익이 있는지 여부(소극) / 진정한 권리자의 권리실현을 위해서 폐쇄등기에 대하여 말소등기를 마쳐야 할 필요가 있는 경우, 진정한 권리자의 등기를 회복하는 데에 필요하여 '현재의 등기기록에 옮겨 기록되었을 이전 등기'를 대상으로 말소등기절차의 이행을 구하는 소가 허용되는지 여부(원칙적 적극) 및 이때 말소등기절차의 이행을 명하는 판결이 확정된 후 등기관이 말소등기를 실행하는 방법 / 이러한 법리는 토지분할 과정에서 분할 전 토지의 등기기록에는 남아 있으나 분할 후 새로운 등기기록을 사용하는 토지의 등기기록에는 옮겨 기록되지 못한 등기에도 마찬가지로 적용되는지 여부(적극)

등기관이 부동산등기법 제33조에 따라 등기기록에 등기된 사항 중 현재 효력이 있는 등기만을 새로운 등기기록에 옮겨 기록한 후 종전 등기기록을 폐쇄하는 경우, 새로운 등기기록에는 기록되지 못한 채 폐쇄된 등기기록에만 남게 되는 등기(이하 '폐쇄등기'라 한다)는 현재의 등기로서의 효력이 없고, 폐쇄된 등기기록에는 새로운 등기사항을 기록할 수도 없다. 따라서 폐쇄등기 자체를 대상으로 하여 말소등기절차의 이행을 구할 소의 이익은 없다. 그러나 부동산등기법 제33조가 등기기록에 등기된 사항 중 현재 효력이 있는 등기만을 새로운 등기기록에 옮겨 기록할 수 있도록 정하고 있는 것은 등기실무의 편의를 고려한 것이고, 이로 인하여 진정한 권리자의 권리구제가 곤란하게 되어서는 안 된다.

등기가 원인 없이 순차 이전된 상태에서 현재 효력이 있다고 보이는 등기만을 새로운 등기기록에 옮겨 기록한 후 종전 등기기록을 폐쇄함으로써 진정한 권리자의 등기와 그로부터 원인 없이 이전된 등기가 폐쇄등기로 남게 되는 경우와 같이, 새로운 등기기록에 옮겨 기록되지는 못하였지만 진정한 권리자의 권리실현을 위해서 말소등기를 마쳐야 할 필요가 있는 때에는 등기가 폐쇄등기로 남아 있다는 이유로 말소등기절차의 이행을 구하는 소의 이익을 일률적으로 부정할 수 없다.

폐쇄등기 자체를 대상으로 하는 것이 아니라, 원인 없이 이전된 진정한 권리자의 등기를 회복하는 데에 필요하여 '현재의 등기기록에 옮겨 기록되었을 위와 같은 이전 등기'를 대상으로 말소등기절차의 이행을 구하는 소는 특별한 사정이 없는 한 허용되어야 한다. 이러한 사건에서 말소등기절차의 이행을 명하는 판결이 확정되고 현재의 등기기록에 이미 기록되어 있는 등기 중 진정한 권리자의 등기와 양립할 수 없는 등기가 모두 말소되면, 등기관은 직권으로 위 말소등기절차의 이행을 명하는 판결에서 말소등기청구의 대상이 된 위 등기를 현재의 등기기록에 옮겨 기록한 다음 그 등기에서 위 확정판결에 기한 말소등기를 실행할 수 있다고 보아야 한다. 부동산등기법에 이에 관한 명시적 규정을 두고 있지 않지만, 부동산등기법 제32조 제2항을 유추하여 위와 같은 결론을 도출할 수 있다. 위 규정은 '등기관이 등기의 착오나 빠진 부분이 등기관의 잘못으로 인한 것임을 발견한 경우에는 지체 없이 그 등기를 직권으로 경정하여야 한다.'고 정하고 있는데, 폐쇄등기와 관련하여 위와 같은 요건을 갖춘 경우에 등기관은 당사자들의 권리를 구제하기 위하여 새로운 등기기록에 진정한 권리자의 등기를 회복하는 데에 필요한 등기도 함께 옮겨 기록하였어야 함에도 이를 누락한 것으로 볼 수 있기 때문이다. 이러한 법리는 토지분할 과정에서 분할 전 토지의 등기기록에는 남아 있으나 분할 후 새로운 등기기록을 사용하는 토지의 등기기록에는 옮겨 기록되지 못한 등기에도 마찬가지로 적용된다.

[2] 순차로 마쳐진 소유권이전등기에 관하여 최종 등기명의자에게 등기말소를 구할 수 있는지와 관계없이 중간의 등기명의자에게 등기말소를 구할 소의 이익이 있는지 여부(적극)(대판 2017.9.12 2015다242849)

순차로 마쳐진 소유권이전등기에 관하여 각 말소등기절차의 이행을 청구하는 소송은 보통공동소송이므로 그중 어느 한 등기명의자만을 상대로 말소를 구할 수 있고, 최종 등기명의자에게 등기말소를 구할 수 있는지와 관계없이 중간의 등기명의자에게 등기말소를 구할 소의 이익이 있다.

정답 ○

18 표준

취득시효 완성을 원인으로 하는 소유권이전등기청구권을 피보전권리로 하는 부동산처분금지가처분 등기가 마쳐진 후에 가처분채권자가 가처분채무자를 상대로 가처분의 피보전권리에 기한 소유권이전등기를 청구함과 아울러 가처분 등기 후 가처분채무자로부터 소유권이전등기를 넘겨받은 제3자를 상대로 가처분채무자와 제3자 사이의 법률행위가 원인무효라는 사유를 들어 가처분채무자를 대위하여 제3자 명의 소유권이전등기의 말소를 청구하는 경우 위와 같은 제3자에 대한 청구가 소의 이익이 없어 부적법하다.

예상

취득시효 완성 후 제3자 앞으로 경료된 소유권이전등기가 원인무효인 경우, 취득시효 완성을 원인으로 한 소유권이전등기청구권을 가진 자가 취득시효 완성 당시의 소유자를 대위하여 제3자 명의 등기의 말소를 구할 수 있는지 여부(적극) 및 취득시효 완성을 원인으로 하는 소유권이전등기청구권을 피보전권리로 하는 부동산처분금지가처분 등기가 마쳐진 후에 가처분채권자가 가처분채무자를 상대로 가처분의 피보전권리에 기한 소유권이전등기를 청구함과 아울러 가처분 등기 후 가처분채무자로부터 소유권이전등기를 넘겨받은 제3자를 상대로 가처분채무자와 제3자 사이의 법률행위가 원인무효라는 사유를 들어 가처분채무자를 대위하여 제3자 명의 소유권이전등기의 말소를 청구하는 경우, 제3자에 대한 청구가 소의 이익이 없어 부적법한지 여부(소극)(대판 2017.12.5. 2017다237339)

취득시효 완성 후 제3자 앞으로 경료된 소유권이전등기가 원인무효인 경우 취득시효 완성을 원인으로 한 소유권이전등기청구권을 가진 자는 취득시효 완성 당시의 소유자를 대위하여 제3자 명의 등기의 말소를 구할 수 있다. 한편 취득시효 완성을 원인으로 하는 소유권이전등기청구권을 피보전권리로 하는 부동산처분금지가처분 등기가 마쳐진 후에 가처분채권자가 가처분채무자를 상대로 가처분의 피보전권리에 기한 소유권이전등기를 청구함과 아울러 가처분 등기 후 가처분채무자로부터 소유권이전등기를 넘겨받은 제3자를 상대로 가처분채무자와 제3자 사이의 법률행위가 원인무효라는 사유를 들어 가처분채무자를 대위하여 제3자 명의 소유권이전등기의 말소를 청구하는 경우, 가처분채권자가 채무자를 상대로 본안의 승소판결을 받아 확정되면 가처분에 저촉되는 처분행위의 효력을 부정할 수 있다고 하여, 그러한 사정만으로 위와 같은 제3자에 대한 청구가 소의 이익이 없어 부적법하다고 볼 수는 없다. 가처분채권자가 대위 행사하는 가처분채무자의 위 제3자에 대한 말소청구권은 가처분 자체의 효력과는 관련이 없을 뿐만 아니라, 가처분은 실체법상의 권리관계와 무관하게 효력이 상실될 수도 있어, 가처분채권자의 입장에서는 가처분의 효력을 원용하는 외에 별도로 가처분채무자를 대위하여 제3자 명의 등기의 말소를 구할 실익도 있기 때문이다.

(주요쟁점) 재판 누락은 판결 주문을 기준으로 판단하여야 하므로 이유에 기재되었더라도 주문에 표시되지 않으면 재판 누락이어서 상고의 대상이 될 수 없음을 분명히 한 판결

정답 ×

19   1. 담보지상권에 있어서 지상권설정등기에 관한 피담보채무의 범위 확인을 구하는 청구는 원고의 권리 또는 법률상의 지위에 관한 청구라고 보기 어려우므로, 확인의 이익이 없어 부적법하다. _{예상}

2. 주위적 청구와 동일한 목적물에 관하여 동일한 청구원인을 내용으로 하면서 주위적 청구를 양적・질적으로 일부 감축하여 하는 청구는 예비적 청구에 해당한다. _{19법전협-2}

> [1] 확인의 소에서 확인의 이익이 인정되는 경우 및 근저당권 등 담보권 설정의 당사자들이 담보로 제공된 토지에 추후 용익권이 설정되거나 건물 또는 공작물이 축조・설치되는 등으로 토지의 담보가치가 줄어드는 것을 막기 위하여 담보권과 아울러 설정하는 이른바 담보지상권의 경우, 피담보채무가 존재하는지 여부(소극)
> 확인의 소에는 권리보호요건으로서 확인의 이익이 있어야 하고, 확인의 이익은 원고의 권리 또는 법률상의 지위에 현존하는 불안・위험이 있고 확인판결을 받는 것이 불안・위험을 제거하는 가장 유효・적절한 수단일 때에 인정된다. 지상권은 용익물권으로서 담보물권이 아니므로 피담보채무라는 것이 존재할 수 없다. 근저당권 등 담보권 설정의 당사자들이 담보로 제공된 토지에 추후 용익권이 설정되거나 건물 또는 공작물이 축조・설치되는 등으로 토지의 담보가치가 줄어드는 것을 막기 위하여 담보권과 아울러 설정하는 지상권을 이른바 담보지상권이라고 하는데, 이는 당사자의 약정에 따라 담보권의 존속과 지상권의 존속이 서로 연계되어 있을 뿐이고, 이러한 경우에도 지상권의 피담보채무가 존재하는 것은 아니다. 따라서 <u>지상권설정등기에 관한 피담보채무의 범위 확인을 구하는 청구는 원고의 권리 또는 법률상의 지위에 관한 청구라고 보기 어려우므로, 확인의 이익이 없어 부적법하다.</u>
> [2] 주위적 청구와 동일한 목적물에 관하여 동일한 청구원인을 내용으로 하면서 주위적 청구를 양적・질적으로 일부 감축하여 하는 청구가 소송상 예비적 청구인지 여부(소극)(대판 2017.10.31. 2015다65042)
> 예비적 청구는 주위적 청구와 서로 양립할 수 없는 관계에 있어야 하므로, <u>주위적 청구와 동일한 목적물에 관하여 동일한 청구원인을 내용으로 하면서 주위적 청구를 양적・질적으로 일부 감축하여 하는 청구는 주위적 청구에 흡수되는 것일 뿐 소송상 예비적 청구라고 할 수 없다.</u>

정답 ○, ✕

20   어업권을 취득하기 전이라면 설사 면허를 받게 될 업무구역의 경계에 관하여 다툼이 있을 여지가 있다고 하더라도 인근의 어촌계를 상대로 업무구역 확인을 구하는 소송의 확인의 이익은 인정되지 않지만, 다른 어촌계의 업무구역과 중복된다는 이유로 어업면허를 거부하는 처분이 있는 경우에는 확인의 이익이 있다. _{예상}

> [1] 확인의 소에서 확인의 이익이 인정되는 경우
> 확인의 소에서 확인의 이익은 현재의 권리 또는 법률상 지위에 관하여 당사자 사이에 분쟁이 있고, 그로 인하여 원고의 법적 지위가 불안・위험할 때에 그 불안・위험을 제거함에 확인판결로 판단하는 것이 가장 유효・적절한 수단인 경우에 인정된다.

[2] 시장·군수·구청장 등으로부터 면허를 받아 어업권을 취득하기 전이거나 시장·군수·구청장 등이 다른 어촌계의 업무구역과 중복된다는 등의 이유로 어업면허를 거부하거나 취소하는 등의 처분을 하는 경우, 어촌계가 다른 어촌계를 상대로 업무구역의 확인을 구할 이익이 있는지 여부(소극) (대판 2017.7.11. 2017다216271)

시장·군수·구청장 등으로부터 면허를 받아 어업권을 취득하기 전이라면 법적으로 보호되는 어촌계의 업무구역이 존재한다고 할 수 없으므로, 설사 면허를 받게 될 업무구역의 경계에 관하여 다른 어촌계와 다툼이 있을 여지가 있다고 하더라도 그러한 사정만으로 원고의 현재의 권리 또는 법률상 지위에 어떠한 구체적인 불안이나 위험이 있다고 할 수 없다. 또한 시장·군수·구청장 등이 다른 어촌계의 업무구역과 중복된다는 등의 이유로 어업면허를 거부하거나 취소하는 등의 처분을 하는 경우에는 행정처분의 효력을 다투는 항고소송의 방법으로 처분의 취소 또는 무효확인을 구하는 것이 분쟁을 해결하는 데에 직접적인 수단이 되는 것이므로, 그와 별도로 민사상 다른 어촌계를 상대로 업무구역의 확인을 구하는 것은 원고의 법적 지위에 대한 불안·위험을 제거하는 데 가장 유효·적절한 수단이라고 보기도 어렵다.

정답 ×

22
대기처분을 받은 후 대기처분 기간 만료에 따라 보직을 받지 못하였음을 이유로 자동해임되자 대기처분의 무효확인을 구한 것은 과거의 법률관계에 관하여 확인의 소를 구한 것으로 확인의 이익이 인정될 수 없다.

예상

[1] 근로계약의 종료사유로서 퇴직, 해고, 자동소멸의 구분 / 어떠한 사유의 발생을 당연퇴직사유로 정하고 절차를 통상의 해고나 징계해고와 달리하였더라도 근로자의 의사와 관계없이 사용자가 일방적으로 근로관계를 종료시키는 것인 경우, 성질상 해고로서 근로기준법에 정한 제한을 받는지 여부(적극) 및 이때 근로자가 사용자를 상대로 당연퇴직조치에 근로기준법 제23조가 정한 정당한 이유가 없음을 들어 당연퇴직처분 무효확인의 소를 제기할 수 있는지 여부(적극)

근로계약의 종료사유는 퇴직, 해고, 자동소멸 등으로 나누어 볼 수 있다. 퇴직은 근로자의 의사 또는 동의를 받아서 하는 것이고, 해고는 근로자의 의사에 반하여 사용자의 일방적 의사로 하는 것이며, 자동소멸은 근로자나 사용자의 의사와는 관계없이 근로계약이 자동적으로 소멸하는 것이다. 근로기준법 제23조에서 말하는 해고란 실제 사업장에서 불리는 명칭이나 절차에 관계없이 위의 두 번째에 해당하는 모든 근로계약관계의 종료를 뜻한다. 사용자가 어떠한 사유의 발생을 당연퇴직사유로 정하고 절차를 통상의 해고나 징계해고와 달리하였더라도 근로자의 의사와 관계없이 사용자가 일방적으로 근로관계를 종료시키는 것은 성질상 해고로서 근로기준법에 정한 제한을 받는다. 이 경우 근로자는 사용자를 상대로 당연퇴직조치에 근로기준법 제23조가 정한 정당한 이유가 없음을 들어 당연퇴직처분무효확인의 소를 제기할 수 있다.

[2] 과거의 법률관계에 관하여 확인의 소를 구할 확인의 이익이 인정되는 경우(대판 2018.5.30. 2014다9632)

확인의 소는 현재의 권리 또는 법률상 지위에 관한 위험이나 불안을 제거하기 위하여 허용되지만, 과거의 법률관계도 현재의 권리 또는 법률상 지위에 영향을 미치고 있고 현재의 권리 또는 법률상 지위에 대한 위험이나 불안을 제거하기 위하여 법률관계에 관한 확인판결을 받는 것이 유효·적절한 수단이라고 인정될 때에는 확인의 이익이 있다.

⇨ 甲 주식회사의 포상징계규정에서 징계의 한 종류로 '대기'를 열거하면서 대기처분을 받은 뒤 6개월을 지나도 보직을 부여받지 못한 경우 자동해임된다고 정하고 있는데, 乙이 대기처분을 받은 후 대기처분 기간 만료에 따라 보직을 받지 못하였음을 이유로 자동해임되자 대기처분의 무효확인을 구한 사안에서, 자동해임처분은 징계처분인 대기처분과 독립된 별개의 처분으로, 근로자인 乙의 의사에 반하여 사용자인 甲 회사의 일방적 의사에 따라 근로계약관계를 종료시키는 해고에 해당하는데, 乙은 대기처분 기간 동안 승진·승급에 제한을 받고 임금이 감액되는 등 인사와 급여에서 불이익을 입었고, 乙이 대기처분 이후 자동해임처분에 따라 해고되었더라도 해고의 효력을 둘러싸고 법률적인 다툼이 있어 해고가 정당한지가 아직 확정되지 않았을 뿐만 아니라, 자동해임처분이 대기처분 후 6개월 동안의 보직 미부여를 이유로 삼고 있는 것이어서 대기처분이 적법한지 여부가 자동해임처분 사유에도 직접 영향을 주게 되므로, 여전히 이러한 불이익을 받는 상태에 있는 乙로서는 <u>자동해임처분과 별개로 대기처분의 무효 여부에 관한 확인판결을 받음으로써 유효·적절하게 자신의 현재의 권리 또는 법률상 지위에 대한 위험이나 불안을 제거할 수 있다는 이유로 乙에게 대기처분의 무효확인을 구할 법률상 이익이 있다고 한 사례.</u>

정답 ✕

23 금전채무에 관하여 채무자가 채권자를 상대로 채무부존재확인소송을 제기하였을 뿐 이에 대한 채권자의 이행소송이 없는 경우에 사실심의 심리 결과 채무의 존재가 일부 인정되어 이에 대한 확인판결이 선고되었다면, 지연손해금 산정에 대하여 소송촉진법 제3조의 법정이율을 적용할 수 있다.

금전채무에 관하여 채무자가 채권자를 상대로 채무부존재확인을 구하였을 뿐 이에 대한 채권자의 이행소송이 없는 경우에 그 지연손해금 산정에 대하여 「소송촉진 등에 관한 특례법」 제3조의 법정이율이 적용되는지 여부(소극)(대판 2021.6.3. 2018다276768)
소송촉진 등에 관한 특례법(이하 '소송촉진법'이라 한다) 제3조는 금전채권자의 소 제기 후에도 상당한 이유 없이 채무를 이행하지 아니하는 채무자에게 지연이자에 관하여 불이익을 가함으로써 채무불이행 상태의 유지 및 소송의 불필요한 지연을 막고자 하는 것을 그 중요한 취지로 한다. 또한 소송촉진법 제3조의 문언상으로도 '금전채무의 전부 또는 일부의 이행을 명하는 판결을 선고할 경우'에 금전채무 불이행으로 인한 손해배상액 산정의 기준이 되는 법정이율에 관하여 정하고 있다(또한 같은 조 제2항도 '채무자에게 그 이행의무가 있음을 선언하는 사실심 판결이 선고'되는 것을 전제로 하여 규정한다). 따라서 금전채무에 관하여 채무자가 채권자를 상대로 채무부존재확인소송을 제기하였을 뿐 이에 대한 채권자의 이행소송이 없는 경우에는, <u>사실심의 심리 결과 채무의 존재가 일부 인정되어 이에 대한 확인판결을 선고하더라도 이는 금전채무의 전부 또는 일부의 이행을 명하는 판결을 선고한 것은 아니므로,</u> 이 경우 지연손해금 산정에 대하여 소송촉진법 제3조의 법정이율을 적용할 수 없다.

정답 ✕

24 보전처분 신청에 관하여도 중복된 소제기에 관한 민사소송법 제259조의 규정이 준용되며, 중복신청에 해당하는지 여부는 선행 보전처분 신청의 심리종결 시를 기준으로 판단한다. 예상

> 보전처분 신청이 중복신청에 해당하는지 판단하는 기준시기(대결 2018.10.4. 2017마6308)
> 보전처분 신청에 관하여도 중복된 소제기에 관한 민사소송법 제259조의 규정이 준용되어 중복신청이 금지된다. 이 경우 보전처분 신청이 중복신청에 해당하는지 여부는 <u>후행 보전처분 신청의 심리종결 시를 기준으로 판단하여야 하고</u>, 보전명령에 대한 이의신청이 제기된 경우에는 이의소송의 심리종결 시가 기준이 된다.

정답 ✕

25 1. 먼저 제기된 소송에서 상계 항변을 제출한 다음 소송계속 중에 자동채권과 동일한 채권에 기한 소송을 별도의 소나 반소로 제기하는 것은 허용되지 않는다. 예상

2. 먼저 제기된 소송의 제1심에서 상계 항변을 제출하여 제1심판결로 본안에 관한 판단을 받았다가 항소심에서 상계 항변을 철회한 경우, 민사소송법 제267조 제2항의 재소금지 원칙이 적용되어 자동채권과 동일한 채권에 기한 소송을 별도로 제기할 수 없다. 예상

> [1] 별소로 계속 중인 채권을 자동채권으로 하는 소송상 상계의 주장이 허용되는지 여부(적극) 및 먼저 제기된 소송에서 상계 항변을 제출한 다음 소송계속 중에 자동채권과 동일한 채권에 기한 소송을 별도의 소나 반소로 제기하는 것이 가능한지 여부(적극)
> 상계의 항변을 제출할 당시 이미 자동채권과 동일한 채권에 기한 소송을 별도로 제기하여 계속 중인 경우, 사실심의 담당재판부로서는 전소와 후소를 같은 기회에 심리·판단하기 위하여 이부, 이송 또는 변론병합 등을 시도함으로써 기판력의 저촉·모순을 방지함과 아울러 소송경제를 도모함이 바람직하나, 그렇다고 하여 특별한 사정이 없는 한 별소로 계속 중인 채권을 자동채권으로 하는 소송상 상계의 주장이 허용되지 않는다고 볼 수는 없다. 마찬가지로 <u>먼저 제기된 소송에서 상계 항변을 제출한 다음 그 소송계속 중에 자동채권과 동일한 채권에 기한 소송을 별도의 소나 반소로 제기하는 것도 가능하다</u>.
>
> [2] 소의 취하와 달리 소송상 방어방법으로서의 상계 항변은 상대방의 동의 없이 철회할 수 있는지 여부(적극) 및 먼저 제기된 소송의 제1심에서 상계 항변을 제출하여 제1심판결로 본안에 관한 판단을 받았다가 항소심에서 상계 항변을 철회한 경우, 자동채권과 동일한 채권에 기한 소송을 별도로 제기할 수 있는지 여부(적극)(대판 2022.2.17. 2021다275741)
> 민사소송법 제267조 제2항은 "본안에 대한 종국판결이 있은 뒤에 소를 취하한 사람은 같은 소를 제기하지 못한다."라고 정하고 있다. 이는 소취하로 그동안 판결에 들인 법원의 노력이 무용해지고 다시 동일한 분쟁을 문제 삼아 소송제도를 남용하는 부당한 사태를 방지할 목적에서 나온 제재적 취지의 규정이다. 그런데 상대방이 본안에 관하여 준비서면을 제출하거나 변론준비기일에서 진술 또는 변론을 한 뒤에는 상대방의 동의를 받아야 효력을 가지는 <u>소의 취하와 달리 소송상 방어방법으로서의 상계 항변은 그 수동채권의 존재가 확정되는 것을 전제로 하여 행하여지는 일종의 예비적 항변으로서 상대방의 동의 없이 이를 철회할 수 있고, 그 경우 법원은 처분권주의의 원칙상 이에 대하여 심판할 수 없다</u>. 따라서 먼저 제기된 소

송의 제1심에서 상계 항변을 제출하여 제1심판결로 본안에 관한 판단을 받았다가 항소심에서 상계 항변을 철회하였더라도 이는 소송상 방어방법의 철회에 불과하여 민사소송법 제267조 제2항의 재소금지 원칙이 적용되지 않으므로, 그 자동채권과 동일한 채권에 기한 소송을 별도로 제기할 수 있다.

정답 ×, ×

CHAPTER 2 변론

01 민사소송법 제163조 제1항 제2호에서 정한 '영업비밀'의 개념은 부정경쟁방지 및 영업비밀보호에 관한 법률상 영업비밀의 개념과 동일하게 해석하여야 한다.　　　　　　　　　　　　　　　　예상

> [1] 민사소송법 제163조 제1항 제2호에서 정한 '영업비밀'의 개념은 부정경쟁방지 및 영업비밀보호에 관한 법률상 영업비밀의 개념과 동일하게 해석하여야 하는지 여부(적극) / 부정경쟁방지 및 영업비밀보호에 관한 법률상 '영업비밀'에 해당하기 위한 요건
>
> 민사소송법 제163조 제1항 제2호에 의하면, 소송기록 중에 당사자가 가지는 영업비밀이 적혀 있는 때에 해당한다는 소명이 있는 경우에는 법원은 당사자의 신청에 따라 결정으로 소송기록 중 그 부분의 열람 등을 신청할 수 있는 자를 당사자로 한정할 수 있다. 위 조항은 "이 때의 영업비밀은 부정경쟁방지 및 영업비밀보호에 관한 법률 제2조 제2호에 규정된 영업비밀을 말한다."라고 규정하고 있으므로 위 영업비밀의 개념은 부정경쟁방지 및 영업비밀보호에 관한 법률상의 영업비밀의 개념과 동일하게 해석함이 타당하다.
>
> 2015. 1. 28. 법률 제13081호로 개정되기 전의 부정경쟁방지 및 영업비밀보호에 관한 법률 제2조 제2호에서는 영업비밀에 관하여 상당한 노력에 의하여 비밀로 유지될 것을 요구하였고, 대법원 2008. 7. 10. 선고 2008도3435 판결, 대법원 2017. 1. 25. 선고 2016도10389 판결 등도 "'상당한 노력에 의하여 비밀로 유지된다'는 것은 그 정보가 비밀이라고 인식될 수 있는 표시를 하거나 고지를 하고, 그 정보에 접근할 수 있는 대상자나 접근 방법을 제한하거나 그 정보에 접근한 자에게 비밀준수의무를 부과하는 등 객관적으로 그 정보가 비밀로 유지·관리되고 있다는 사실이 인식 가능한 상태인 것을 말한다."라고 판시하였다. 이후 법률 제13081호로 개정된 부정경쟁방지 및 영업비밀보호에 관한 법률 제2조 제2호에서는 '합리적인 노력에 의하여 비밀로 유지'될 것만을 요구하게 되었다(나아가 2019. 7. 9.부터 시행되는 2018. 1. 8. 법률 제16204호로 개정된 부정경쟁방지 및 영업비밀보호에 관한 법률 제2조 제2호에서는 영업비밀에 관하여 '비밀로 관리'될 것만을 요구하고 있다).
>
> [2] 미확정 상태의 소송기록에 적혀 있는 영업비밀의 보호 필요성(대결 2020.1.9. 2019마6016)
>
> 확정 판결서에 대하여는 누구든지 열람 및 복사를 할 수 있고(민사소송법 제163조의2), 확정된 소송기록은 학술연구 등 일정한 목적하에 열람할 수 있도록(민사소송법 제162조 제2항) 정한 반면, 미확정 상태의 소송기록에 관하여는 당사자나 이해관계를 소명한 제3자만이 열람 등이 가능하도록(민사소송법 제162조 제1항) 정하고 있다.
>
> 그런데 민사소송법 제352조에 따라 미확정 상태의 다른 소송기록을 대상으로 하는 문서의 송부가 촉탁된 경우, 해당 소송기록을 보관하는 법원은 정당한 사유가 없는 한 이에 협력할 의무를 부담한다(민사소송법 제352조의2). 이에 따라 이해관계의 소명이 없는 제3자라 할지라도 다른 미확정 상태의 소송기록을 대상으로 문서송부촉탁을 신청하여 채택된다면, 대상 기록에 관해 민사소송법 제163조의 소송기록 열람 등 제한이 되어 있지 않은 경우에는, 제한 없이 미확정 상태의 소송기록을 열람할 수 있는 결과가 된다. 대상문서를 지정하지 않은 채로 법원의 송부촉탁 결정이 이루어지고, 송부촉탁 결정 이후 신청인이 직접 대상 기록을 열람한 후에 필요한 부분을 지정하여 문서송부촉탁이 이루어지고 있는 현실에 비추어 본다면, 미확정 상태의 소송기록에 적혀 있는 영업비밀을 보호할 필요성이 더욱 크다.

[3] 다른 사건의 소송당사자로서 제3자인 甲 주식회사가 아직 미확정 상태인 사건의 소송기록을 대상으로 문서송부촉탁을 신청하여 채택되자, 미확정 사건의 소송당사자인 乙 주식회사가 위 소송기록 중 일부 문서에 영업비밀이 포함되어 있다며 그 일부 문서에 대하여 열람 제한 등을 신청한 사안에서, 乙 회사가 열람 제한 등을 신청한 대상문서 중 일부는 乙 회사가 제3자와 체결한 계약서이고, 그 계약서의 비밀유지의무 관련 조항은 계약당사자에 대해 비밀유지의무를 부과할 뿐 아니라 나아가 계약당사자로 하여금 '이사, 임원, 직원, 대리인 및 하청업자에게 위 조항의 모든 사항을 준수할 수 있도록 필요한 모든 조치를 취하여야 한다'는 구체적인 의무를 부과하는 한편, 위 조항이 계약 종료 후 3년간 유효하다고 정함으로써 합리적인 기간 내로 그 의무의 부담을 제한하고 있는데, 이와 같이 비밀유지조항의 내용이 단순히 추상적이고 일반적인 비밀유지의무만을 부과하는 데 그치지 않고 상대방에 대하여 해당 계약서의 관리방법 또는 그 계약서에 접근할 수 있는 임직원과 피용자 등에게 비밀유지의무를 부과하도록 하는 등 계약 내용을 비밀로 관리해야 하는 구체적인 감독의무를 부과하는 정도까지 규정하였다면, 적어도 이러한 정도의 비밀유지의무가 부과된 문서에 관하여는 영업비밀이 적혀 있다는 소명이 있다고 볼 여지가 있고, 문서송부촉탁신청의 채부를 결정할 때 그 대상인 소송기록에 영업비밀이 포함되어 있는지는 고려하지 않아 구체적 비밀유지의무가 부과되어 있는 위 계약서가 제한 없이 제3자에게 공개될 위험성도 크므로, 乙 회사의 신청을 기각한 원심결정 중 위 계약서에 영업비밀이 적혀 있다는 점에 대한 소명이 부족하다고 보아 위 계약서에 관한 열람 제한 등 신청을 기각한 부분에는 민사소송법 제163조 제1항 제2호, 부정경쟁방지 및 영업비밀보호에 관한 법률 제2조 제2호에서 정한 영업비밀 소명 등에 관한 법리오해의 잘못이 있다고 한 사례.

정답 ○

02 민사소송에서 심판 대상은 원고의 의사에 따라 특정되고, 법원은 당사자가 신청한 사항에 대하여 신청 범위 내에서만 판단하여야 한다. 예상

처분권주의 위반(대판 2020.1.30. 2015다49422)
[1] 민사소송법은 '처분권주의'라는 제목으로 "법원은 당사자가 신청하지 아니한 사항에 대하여는 판결하지 못한다."라고 정하고 있다. 민사소송에서 심판 대상은 원고의 의사에 따라 특정되고, 법원은 당사자가 신청한 사항에 대하여 신청 범위 내에서만 판단하여야 한다.
[2] 甲 외국법인이 乙 주식회사를 상대로 乙 회사가 甲 법인과 체결한 기술제휴협약에 따라 봉강절단기 제품에 관한 도면을 제공받아 여러 업체에 위 제품을 제조·판매하고서도 이를 甲 법인에 보고하지 않았다며 기술제휴협약 위반에 따른 위약금 등 청구의 소를 제기하여 위 제품의 제작·판매 등 금지, 甲 법인이 특정한 고유기술의 사용 등 금지, 도면 등의 인도, 손해배상 및 그 지연손해금의 지급을 명하는 선행판결을 선고받아 판결 확정 후 乙 회사와 '乙 회사가 위 판결에 따른 금전지급의무 중 일부를 면제받고 나머지 의무를 성실히 준수한다'는 내용의 약정을 체결하였는데, 그 후 다시 乙 회사가 위 제품을 제조·판매하자, 甲 법인이 乙 회사를 상대로 선행판결 또는 위 약정에 따른 의무 위반을 주위적 청구원인으로 하여 봉강절단기 제조 금지 및 봉강절단기 제조·판매로 인한 손해배상을 구한 사안에서, 선행판결이나 위 약정에 따른 의무 위반을 원인으로 하는 금지 및 손해배상청구는 부정경쟁방지 및 영업비밀보호에 관한 법률(이하 '부정경쟁방지법'이라 한다)상 영업비밀 침해를 원인으로 하는 금지 및 손해배상청구와는 요건과 증명책임을 달리하는 전혀 별개의 소송물인데도,

甲 법인과 乙 회사가 영업비밀성에 관한 공방을 하자, 甲 법인이 주위적 청구에 부정경쟁방지법 제10조 제1항에 따른 금지 청구와 같은 법 제11조에 따른 손해배상청구를 선택적으로 추가하였다고 선해한 다음, 甲 법인이 특정한 기술정보 중 일부를 제외한 나머지 정보가 공연히 알려지지 않은 정보이고, 독립된 경제적 가치를 가지며, 비밀로 유지하기 위하여 상당한 노력을 한 것으로 영업비밀에 해당하고, 乙 회사가 영업비밀의 침해 금지기간이 지났다고 주장하나 그 기간이 지났다거나 언제까지라고 합리적으로 단정할 수 없다는 이유로 위 금지 및 손해배상청구를 인용한 원심판결에는 甲 법인이 신청하지도 않은 사항에 대하여 판결함으로써 민사소송법 제203조에서 정한 처분권주의를 위반한 잘못이 있다고 한 사례.

정답 ○

03 파산선고 전에 채권자가 채무자를 상대로 이행청구의 소를 제기하거나 채무자가 채권자를 상대로 채무 부존재 확인의 소를 제기하였더라도, 만약 그 소장 부본이 송달되기 전에 채권자나 채무자에 대하여 파산선고가 이루어졌다면 부적법한 것으로서 각하되어야 하고 파산선고 당시 법원에 소송이 계속되어 있음을 전제로 한 파산관재인의 소송수계신청 역시 적법하지 않으므로 허용되지 않는다.

예상

파산선고 전에 채무자가 채권자를 상대로 채무 부존재 확인의 소를 제기하였으나 소장 부본이 송달되기 전에 채무자에 대하여 파산선고가 이루어진 경우, 소가 적법한지 여부(소극) 및 이 경우 파산관재인의 소송수계신청이 허용되는지 여부(소극)(대판 2018.6.15. 2017다289828)
원고와 피고의 대립당사자 구조를 요구하는 민사소송법의 기본원칙상 사망한 사람을 피고로 하여 소를 제기하는 것은 실질적 소송관계가 이루어질 수 없어 부적법하다. 소 제기 당시에는 피고가 생존하였으나 소장 부본이 송달되기 전에 사망한 경우에도 마찬가지이다. 사망한 사람을 원고로 표시하여 소를 제기하는 것 역시 특별한 경우를 제외하고는 적법하지 않다.
파산선고 전에 채권자가 채무자를 상대로 이행청구의 소를 제기하거나 채무자가 채권자를 상대로 채무 부존재 확인의 소를 제기하였더라도, 만약 그 소장 부본이 송달되기 전에 채권자나 채무자에 대하여 파산선고가 이루어졌다면 이러한 법리는 마찬가지로 적용된다. 파산재단에 관한 소송에서 채무자는 당사자적격이 없으므로, 채무자가 원고가 되어 제기한 소는 부적법한 것으로서 각하되어야 하고(채무자 회생 및 파산에 관한 법률 제359조), 이 경우 파산선고 당시 법원에 소송이 계속되어 있음을 전제로 한 파산관재인의 소송수계신청 역시 적법하지 않으므로 허용되지 않는다.

정답 ○

04 주요사실에 대한 주장은 당사자가 이를 직접적으로 명백히 한 경우뿐만 아니라 당사자의 변론을 전체적으로 관찰하여 그 주장을 한 것으로 볼 수 있는 경우에도 주요사실의 주장이 있다고 보아야 한다. 　　　　　　　　　　　　　　　　　　　　　　　　　　　　　예상

> 청구원인에 관한 주장이 불분명한 경우에 그 주장이 무엇인지에 관하여 석명을 구하면서 이에 대하여 가정적으로 항변한 경우, 주요사실에 대한 주장이 있다고 볼 수 있는지 여부(적극) 및 항변이 있다고 볼 수 있는지 판단할 때 고려하여야 할 사항(대판 2017.9.12. 2017다865)
>
> 주요사실에 대한 주장은 당사자가 이를 직접적으로 명백히 한 경우뿐만 아니라 당사자의 변론을 전체적으로 관찰하여 그 주장을 한 것으로 볼 수 있는 경우에도 주요사실의 주장이 있다고 보아야 한다. 또한 청구원인에 관한 주장이 불분명한 경우에 그 주장이 무엇인지에 관하여 석명을 구하면서 이에 대하여 가정적으로 항변한 경우에도 주요사실에 대한 주장이 있다고 볼 수 있다. 이러한 경우 항변이 있다고 볼 수 있는지는 당사자들이 진술한 내용이나 취지뿐만 아니라 상대방이 당사자의 진술을 어떻게 이해하였는지도 함께 고려해서 합리적으로 판단하여야 한다.

정답 ○

05 甲이 자신이 소유하는 토지상에 있는 건물의 소유자인 乙을 상대로 건물의 철거와 부지 부분의 인도를 구하였는데, 원심법원이 乙이 주장한 바 없는 戊를 대위하여 甲에게 유증을 원인으로 한 소유권이전등기절차의 이행을 구할 수 있음을 전제로 甲의 청구가 신의성실의 원칙에 위반된다고 한 것은 석명의무 위반이다. 　　　　　　　　　　　　　　　　　예상

> 석명의무 위반의 잘못을 인정한 사례(대판 2021.9.16. 2021다200914, 200921)
> 甲이 자신이 소유하는 토지상에 있는 건물의 소유자인 乙을 상대로 건물의 철거와 부지 부분의 인도를 구하였는데, 원심법원이 甲과 乙의 조부인 丙이 당시 甲의 아버지인 丁 명의로 소유권이전등기가 마쳐져 있던 위 토지 등을 아들들에게 유증하는 내용의 인증서에 따라 乙의 아버지인 戊가 건물 부지 부분을 유증받았고, 戊로부터 건물과 부지 부분을 증여받은 乙은 戊를 대위하여 丁의 상속인인 甲에게 부지 부분에 관한 소유권이전등기절차의 이행을 구할 수 있으므로 甲의 청구가 신의성실의 원칙에 위반되어 허용될 수 없다고 한 사안에서, 乙이 戊를 대위하여 甲에게 유증을 원인으로 한 소유권이전등기절차의 이행을 구할 수 있음을 전제로 신의칙 위반 주장을 한 적이 없는데도, 이와 관련하여 당사자들에게 의견진술의 기회를 부여하거나 석명권을 행사하지 아니한 채 甲의 청구가 신의성실의 원칙에 위반된다고 본 원심판단에 석명의무 위반의 잘못이 있다고 한 사례

정답 ○

06 채권자가 동일한 채무자에 대하여 수 개의 손해배상채권을 가지고 있다고 하더라도 그 손해배상채권들이 발생시기와 발생원인 등을 달리하는 별개 채권인 이상 이는 별개 소송물에 해당하고, 그 손해배상채권들은 각각 소멸시효 기산일이나 채무자가 주장할 수 있는 항변이 다를 수도 있으므로, 이를 소송으로 청구하는 채권자로서는 손해배상채권별로 청구금액을 특정하여야 하고 채권자가 수 개의 손해배상채권들 중 일부만을 청구하고 있는 경우에는 그러하지 아니하다.

예상

[1] 채권자가 동일한 채무자에 대하여 발생시기와 발생원인 등을 달리하는 수 개의 손해배상채권을 소송으로 청구하는 경우, 손해배상채권별로 청구금액을 특정하여야 하는지 여부(적극) 및 법원도 이에 따라 손해배상채권별로 인용금액을 특정하여야 하는지 여부(적극) / 이러한 법리는 채권자가 수 개의 손해배상채권들 중 일부만을 청구하고 있는 경우에도 마찬가지인지 여부(적극) / 청구취지가 특정되지 않은 경우, 법원이 취하여야 할 조치

<u>채권자가 동일한 채무자에 대하여 수 개의 손해배상채권을 가지고 있다고 하더라도 그 손해배상채권들이 발생시기와 발생원인 등을 달리하는 별개 채권인 이상 이는 별개 소송물에 해당하고, 그 손해배상채권들은 각각 소멸시효 기산일이나 채무자가 주장할 수 있는 항변이 다를 수도 있으므로, 이를 소송으로 청구하는 채권자로서는 손해배상채권별로 청구금액을 특정하여야 하고, 법원도 이에 따라 손해배상채권별로 인용금액을 특정하여야 하며, 이러한 법리는 채권자가 수 개의 손해배상채권들 중 일부만을 청구하고 있는 경우에도 마찬가지이다. 또한 민사소송에서 청구취지는 그 내용 및 범위가 명확히 알아볼 수 있도록 구체적으로 특정되어야 하고, 이의 특정 여부는 직권조사사항이므로 청구취지가 특정되지 않은 경우에는 법원은 피고의 이의 여부와 관계없이 직권으로 보정을 명하고, 이에 응하지 않을 때에는 소를 각하하여야 한다.</u>

[2] 주식회사의 감사위원회의 위원이 고의·과실로 선량한 관리자의 주의의무를 위반하여 임무를 해태한 경우, 그로 인하여 회사가 입은 손해를 배상할 책임이 있는지 여부(적극)

주식회사의 감사위원회는 이사의 직무집행을 감사하고, 이사가 법령 또는 정관에 위반한 행위를 하거나 그러한 행위를 할 염려가 있다고 인정한 때에는 이사회에 이를 보고하여야 하며, 이사가 법령 또는 정관에 위반한 행위를 하여 이로 인하여 회사에 회복할 수 없는 손해가 생길 염려가 있는 경우에는 그 행위에 대한 유지청구를 하는 등의 의무가 있다(상법 제415조의2 제7항, 제412조 제1항, 제391조의2, 제402조). 감사위원회의 위원은 상법상 위와 같은 의무 또는 기타 법령이나 정관에서 정한 의무를 선량한 관리자의 주의의무를 다하여 이행하여야 하고, 고의·과실로 선량한 관리자의 주의의무를 위반하여 그 임무를 해태한 때에는 그로 인하여 회사가 입은 손해를 배상할 책임이 있다(상법 제415조의2 제7항, 제414조 제1항, 제382조 제2항).

[3] 금융기관 감사위원이 선량한 관리자의 주의의무를 위반하여 자신의 임무를 게을리하였는지 판단하는 기준(대판 2017.11.23. 2017다251694)

금융기관 임원은 소속 금융기관에 대하여 선량한 관리자의 주의의무를 지므로 그 의무를 충실히 이행하여야 임원으로서 임무를 다한 것이다. 금융기관 감사위원이 위와 같은 선량한 관리자의 주의의무를 위반하여 자신의 임무를 게을리하였는지 여부는 개별 대출에 대한 감사를 함에 있어 통상의 감사위원으로서 간과해서는 안 될 잘못이 있는지 여부를 제반 규정 준수 여부, 대출 조건과 내용 및 규모, 변제계획, 담보 유무와 내용, 채무자의 재산 및 경영상황, 성장 가능성 등 여러 가지 사항에 비추어 종합적으로 판정해야 한다.

⇨ 甲 상호저축은행이 상근 감사위원이었던 乙을 상대로 丙 주식회사 등에 대한 불법·부당대출로 인한 손해배상을 구한 사안에서, 乙은 자신이 서명한 대출 관련 심사부의안과 대출심사자료만 선량한 관리자의 주의의무로 검토하였더라도 丙 회사 등에 대한 대출이 형식적인 신용조사만을 거쳐 충분한 채권보전조치 없이 이루어지는 것임을 쉽게 알 수 있었으므로,

관계 서류의 제출 요구 등을 통해 대출이 위법·부당한 것인지 여부에 관하여 추가로 조사하거나 감사위원회를 통해 이사회에 위와 같은 사실을 보고하여 위법·부당한 행위의 시정 등을 요구할 의무가 있었음에도 그와 같은 의무를 다하지 않았다고 볼 여지가 충분한데도, 이와 달리 본 원심판단에 법리오해 등의 잘못이 있다고 한 사례.

정답 ✗

07 [표준]
적법한 대표자 자격이 없는 비법인 사단의 대표자가 한 소송행위는 후에 대표자 자격을 적법하게 취득한 대표자가 소송행위를 추인하면 행위 시에 소급하여 효력을 가지게 되고, 이러한 추인은 상고심에서도 할 수 있다. **예상**

> 적법한 대표자 자격이 없는 비법인 사단의 대표자가 한 소송행위를 후에 적법한 대표자가 추인한 경우, 행위 시에 소급하여 효력을 가지게 되는지 여부(적극) 및 이러한 추인은 상고심에서도 할 수 있는지 여부(적극)(대판 2019.9.10. 2019다208953)
> 적법한 대표자 자격이 없는 비법인 사단의 대표자가 한 소송행위는 후에 대표자 자격을 적법하게 취득한 대표자가 소송행위를 추인하면 행위 시에 소급하여 효력을 가지게 되고, 이러한 추인은 상고심에서도 할 수 있다.

주요쟁점 소송행위에 필요한 능력이나 대리권이 흠결된 경우 추인을 함으로써 소송행위를 한 때에 소급하여 유효로 할 수 있고, 추인의 시기는 묻지 아니하며, 추인에 의하여 흠은 소급적으로 제거됨을 밝힌 판결

정답 ○

08
원고가 피고를 상대로 이혼을 청구한 소송에서, '원, 피고가 이혼한다'는 내용의 화해권고결정이 내려졌고, 원, 피고의 자녀가 원, 피고를 동시에 대신하여 화해권고결정 정본을 송달받았다면 위 화해권고결정이 확정된다. **예상**

> 동일한 수령대행인이 소송당사자 쌍방을 대신하여 소송서류를 동시에 송달받은 경우, 보충송달의 효력(원칙적 무효)(대판 2021.3.11. 2020므11658)
> 보충송달제도는 본인 아닌 그의 사무원, 피용자 또는 동거인, 즉 수령대행인이 소송서류를 수령하여도 그의 지능과 객관적인 지위, 본인과의 관계 등에 비추어 사회통념상 본인에게 소송서류를 전달할 것이라는 합리적인 기대를 전제로 한다. 동일한 수령대행인이 이해가 대립하는 소송당사자 쌍방을 대신하여 소송서류를 동시에 수령하는 경우가 있을 수 있다. 이런 경우 수령대행인이 원고나 피고 중 한 명과도 이해관계의 상충 없이 중립적인 지위에 있기는 쉽지 않으므로 소송당사자 쌍방 모두에게 소송서류가 제대로 전달될 것이라고 합리적으로 기대하기 어렵다. 또한 이익충돌의 위험을 회피하여 본인의 이익을 보호하려는 데 취지가 있는 민법 제124조 본문에서의 쌍방대리금지 원칙에도 반한다. 따라서 소송당사자의 허락이 있다는 등의 특별한 사정이 없는 한, 동일한 수령대행인이 소송당사자 쌍방의 소송서류를 동시에 송달받을 수 없고, 그러한 보충송달은 무효라고 봄이 타당하다(대판 2016.11.10. 2014다54366 참조).

⇨ 원고가 피고를 상대로 이혼을 청구한 소송에서, '원, 피고가 이혼한다'는 내용의 화해권고결정이 내려졌고, 원, 피고의 자녀 甲이 동시에 원, 피고를 대신하여 화해권고결정 정본을 송달받아 화해권고결정이 확정됨. 이후 피고가 위 화해권고결정 정본의 보충송달은 무효라고 주장하면서 위 화해권고결정에 대해 추완이의를 신청한 사건임
⇨ 원심은 위 화해권고결정 정본의 보충송달은 적법하다는 이유로 소송종료선언을 함
⇨ 대법원은 甲이 소송당사자 쌍방인 원고와 피고를 대신하여 화해권고결정 정본을 동시에 송달받았는데, 甲이 이해상충 관계에 있는 원고와 피고 모두에게 소송서류를 제대로 전달할 것이라고 합리적으로 기대하기 어려우므로, 甲이 피고의 허락을 받았다는 등의 특별한 사정이 없는 한, 甲이 원고와 피고를 대신하여 화해권고결정 정본을 동시에 송달받은 것은 부적법한 송달로서 무효라고 한 사례

정답 ✕

09 당사자가 소송 계속 중에 수감되었으나 법원이 판결정본을 민사소송법 제182조에 따라 교도소장 등에게 송달하지 않고 당사자 주소 등에 공시송달 방법으로 송달한 경우, 그 송달은 효력이 없다.

예상

당사자가 소송 계속 중에 수감되었으나 법원이 판결정본을 민사소송법 제182조에 따라 교도소장 등에게 송달하지 않고 당사자 주소 등에 공시송달 방법으로 송달한 경우, 송달의 효력이 있는지 여부(적극) / 이 경우 수감된 당사자가 책임을 질 수 없는 사유로 불변기간을 준수할 수 없었던 때에 해당하여 그 사유가 없어진 후 2주일 내에 추완 상소를 할 수 있는지 여부(원칙적 적극) 및 여기에서 '사유가 없어진 때'의 의미(대판 2022.1.13. 2019다220618)

당사자가 소송 계속 중에 수감된 경우 법원이 판결정본을 민사소송법 제182조에 따라 교도소장 등에게 송달하지 않고 당사자 주소 등에 공시송달 방법으로 송달하였다면, <u>공시송달의 요건을 갖추지 못한 하자가 있다고 하더라도 재판장의 명령에 따라 공시송달을 한 이상 송달의 효력은 있다.</u>

수감된 당사자는 민사소송법 제185조에서 정한 송달장소 변경의 신고의무를 부담하지 않고 요건을 갖추지 못한 공시송달로 상소기간을 지키지 못하게 되었으므로 특별한 사정이 없는 한 과실 없이 판결의 송달을 알지 못한 것이고, 이러한 경우 책임을 질 수 없는 사유로 불변기간을 준수할 수 없었던 때에 해당하여 그 사유가 없어진 후 2주일 내에 추완 상소를 할 수 있다. 여기에서 '사유가 없어진 때'란 당사자나 소송대리인이 판결이 있었고 판결이 공시송달 방법으로 송달된 사실을 안 때를 가리킨다. 통상의 경우에는 당사자나 소송대리인이 사건 기록을 열람하거나 새로 판결정본을 영수한 때에 비로소 판결이 공시송달 방법으로 송달된 사실을 알게 되었다고 보아야 한다.

정답 ✕

10
1. 당사자가 송달장소로 신고한 바 있다면 비록 그 송달장소에 송달된 바가 없다고 하더라도 그곳을 민사소송법 제185조 제2항에서 정하는 '종전에 송달받던 장소'라고 볼 수 있다. 예상
2. 민사소송법 제187조에 따른 발송송달은 송달받을 자의 주소 등 송달하여야 할 장소는 밝혀져 있으나 송달받을 자는 물론이고 그 사무원, 고용인, 동거인 등 보충송달을 받을 사람도 없거나 부재하여서 원칙적 송달방법인 교부송달은 물론이고 민사소송법 제186조에 의한 보충송달과 유치송달도 할 수 없는 경우에 할 수 있다. 예상

> [1] 민사소송법 제185조 제2항에 따른 발송송달을 할 수 있는 경우 / 당사자가 송달장소로 신고한 장소에 송달된 바가 없는 경우, 그곳을 민사소송법 제185조 제2항에서 정한 '종전에 송달받던 장소'라고 볼 수 있는지 여부(소극) / 민사소송법 제185조 제2항에서 말하는 '달리 송달할 장소를 알 수 없는 경우'의 의미
>
> 민사소송법 제185조 제1항은 "당사자·법정대리인 또는 소송대리인이 송달받을 장소를 바꿀 때에는 바로 그 취지를 법원에 신고하여야 한다."라고 규정하고, 같은 조 제2항은 "제1항의 신고를 하지 아니한 사람에게 송달할 서류는 달리 송달할 장소를 알 수 없는 경우 종전에 송달받던 장소에 대법원규칙이 정하는 방법으로 발송할 수 있다."라고 규정하고 있으며, 민사소송규칙 제51조는 위 규정에 따른 서류의 발송은 등기우편으로 하도록 규정하고 있다. 민사소송법 제185조 제2항에 따른 발송송달을 할 수 있는 경우는 송달받을 장소를 바꾸었으면서도 그 취지를 신고하지 아니한 경우이거나 송달받을 장소를 바꾸었다는 취지를 신고하였는데 그 바뀐 장소에서의 송달이 불능이 되는 경우이다. 민사소송법 제185조 제2항은 이 경우에 종전에 송달받던 장소에 대법원규칙이 정하는 방법으로 발송할 수 있다고 규정하고 있을 뿐이므로, 비록 당사자가 송달장소로 신고한 바 있다고 하더라도 그 송달장소에 송달된 바가 없다면 그곳을 민사소송법 제185조 제2항에서 정하는 '종전에 송달받던 장소'라고 볼 수 없다. 또한 민사소송법 제185조 제2항에서 말하는 '달리 송달할 장소를 알 수 없는 경우'라 함은 상대방에게 주소보정을 명하거나 직권으로 주민등록표 등을 조사할 필요까지는 없지만, 적어도 기록에 현출되어 있는 자료로 송달할 장소를 알 수 없는 경우에 한하여 등기우편에 의한 발송송달을 할 수 있음을 뜻한다.
>
> [2] 민사소송법 제187조에 따른 발송송달을 할 수 있는 경우 및 '송달하여야 할 장소'의 의미(대판 2022.3.17. 2020다216462)
>
> 민사소송법 제187조는 "민사소송법 제186조의 규정에 따라 송달할 수 없는 때에는 법원사무관 등은 서류를 등기우편 등 대법원규칙이 정하는 방법으로 발송할 수 있다."라고 규정하고 있고, 민사소송규칙 제51조는 위 규정에 따른 서류의 발송은 등기우편으로 하도록 규정하고 있다. 민사소송법 제187조에 따른 발송송달은 송달받을 자의 주소 등 송달하여야 할 장소는 밝혀져 있으나 송달받을 자는 물론이고 그 사무원, 고용인, 동거인 등 보충송달을 받을 사람도 없거나 부재하여서 원칙적 송달방법인 교부송달은 물론이고 민사소송법 제186조에 의한 보충송달과 유치송달도 할 수 없는 경우에 할 수 있는 것이고, 여기에서 송달하여야 할 장소란 실제 송달받을 자의 생활근거지가 되는 주소·거소·영업소 또는 사무소 등 송달받을 자가 소송서류를 받아 볼 가능성이 있는 적법한 송달장소를 말하는 것이다.

정답 ×, ○

11 법률에 법인의 지위를 승계하거나 법인의 권리의무가 새로 설립된 법인에 포괄적으로 승계된다는 명문의 규정이 없는 이상 새로 설립된 법인이 종전 법인이 수행하던 소송절차를 수계할 근거는 없다.

예상

> 법률에 법인의 지위를 승계하거나 법인의 권리의무가 새로 설립된 법인에 포괄적으로 승계된다는 명문의 규정이 없는 경우, 새로 설립된 법인이 계속 중인 소송절차를 수계할 수 있는지 여부(소극) 및 이와 같은 법리는 당사자가 법인격 없는 단체인 경우에도 마찬가지인지 여부(적극)(대판 2022.1.27. 2020다39719)
>
> 민사소송법 제233조부터 제237조, 제239조에서 정하고 있는 사유가 발생하면 소송절차가 중단되고, 위 각 조에서 규정하고 있는 수계신청인에 의한 적법한 소송수계절차가 있어야 소송중단이 해소된다. 다만 위에서 정하고 있는 사유가 발생하더라도 소송대리인이 있는 경우에는 소송이 중단되지 않는다(민사소송법 제238조). 그중 민사소송법 제234조에 따르면, 소송계속 중 당사자인 법인이 합병에 의하여 소멸된 때에는 소송절차가 중단되고 이 경우 합병에 의하여 설립된 법인 또는 합병한 뒤의 존속법인이 소송절차를 수계하여야 한다. 또한 법인의 권리의무가 법률의 규정에 의하여 새로 설립된 법인에 승계되는 경우에는 특별한 사유가 없는 한 계속 중인 소송에서 그 법인의 법률상 지위도 새로 설립된 법인에 승계되므로 새로 설립된 법인이 소송절차를 수계하여야 하나, 법률에 법인의 지위를 승계하거나 법인의 권리의무가 새로 설립된 법인에 포괄적으로 승계된다는 명문의 규정이 없는 이상 새로 설립된 법인이 소송절차를 수계할 근거는 없다고 보아야 한다. 이와 같은 법리는 당사자가 법인격 없는 단체인 경우에도 마찬가지이다.

정답 ○

12 당사자의 변론재개신청을 받아들일지 여부는 원칙적으로 법원의 재량에 속하므로 당사자에게 변론을 재개하여 그 주장·증명을 제출할 기회를 주지 않은 채 패소의 판결을 하는 것이 민사소송법이 추구하는 절차적 정의에 반하는 경우에도 법원은 변론을 재개하고 심리를 속행할 의무가 없다.

예상

> 법원이 당사자의 변론재개신청을 받아들여 변론을 재개할 의무가 있는 예외적인 경우(대판 2019.11.28. 2017다244115)
>
> 당사자가 변론종결 후 주장·증명을 제출하기 위하여 변론재개신청을 한 경우 당사자의 변론재개신청을 받아들일지 여부는 원칙적으로 법원의 재량에 속한다. 그러나 변론재개신청을 한 당사자가 변론종결 전에 그에게 책임을 지우기 어려운 사정으로 주장·증명을 제출할 기회를 제대로 갖지 못하였고, 그 주장·증명의 대상이 판결의 결과를 좌우할 수 있는 핵심적 요증사실에 해당하는 경우 등과 같이, 당사자에게 변론을 재개하여 그 주장·증명을 제출할 기회를 주지 않은 채 패소의 판결을 하는 것이 민사소송법이 추구하는 절차적 정의에 반하는 경우에는 법원은 변론을 재개하고 심리를 속행할 의무가 있다. 또한 법원이 사실상 또는 법률상 사항에 관한 석명의무나 지적의무 등을 위반한 채 변론을 종결하였는데 당사자가 그에 관한 주장·증명을 제출하기 위하여 변론재개신청을 한 경우 등과 같이 사건의 적정하고 공정한 해결에 영향을 미칠 수 있는 소송절차상의 위법이 드러난 경우에는, 사건을 적정하고 공정하게 심리·판단할 책무가 있는 법원으로서는 그와 같은 소송절차상의 위법을 치유하고 그 책무를 다하기 위하여 변론을 재개하고 심리를 속행할 의무가 있다.

> **주요쟁점** 변론재개 여부는 법원의 직권사항이나, 예외적으로 주장·증명의 대상이 판결의 결과를 좌우할 수 있는 관건이 되는 요증사실에 해당하는 경우 등에 소송절차상의 위법을 치유하고 그 책무를 다하기 위하여 변론을 재개하고 심리를 속행할 의무가 있음을 밝힌 판결

정답 ✕

13 원고가 변론종결일 이후 계약이 자동해제되었다는 주장을 추가하였음에도 기존의 주장대로 계약의 해제 합의에 관하여 판단하여 피고의 총회결의를 거치지 않아 무효이므로 계약이 유효함을 이유로 원고의 부당이득반환청구를 기각한 경우 원고가 원심 변론종결일 당시 이미 피고의 조합원에서 제외되는 등 제반 사정을 종합하면 변론을 재개할 의무가 있었다고 보아야 한다.

예상

> **변론종결 후 당사자의 변론재개신청을 받아들일지가 법원의 재량에 속하는지 여부(원칙적 적극) 및 법원의 변론재개의무가 인정되는 예외적인 경우**(대판 2021.3.25. 2020다277641)
>
> 당사자가 변론종결 후 주장·증명을 제출하기 위하여 변론재개신청을 한 경우 당사자의 변론재개신청을 받아들일지 여부는 <u>원칙적으로 법원의 재량에 속한다</u>. 그러나 변론재개신청을 한 <u>당사자가 변론종결 전에 그에게 책임을 지우기 어려운 사정으로 주장·증명을 제출할 기회를 제대로 갖지 못하였고, 그 주장·증명의 대상이 판결의 결과를 좌우할 수 있는 관건적 요증사실에 해당하는 경우 등과 같이, 당사자에게 변론을 재개하여 그 주장·증명을 제출할 기회를 주지 않은 채 패소의 판결을 하는 것이 민사소송법이 추구하는 절차적 정의에 반하는 경우에는 법원은 변론을 재개하고 심리를 속행할 의무가 있다</u>. 또한 법원이 사실상 또는 법률상 사항에 관한 <u>석명의무나 지적의무 등을 위반한 채 변론을 종결하였는데 당사자가 그에 관한 주장·증명을 제출하기 위하여 변론재개신청을 한 경우 등과 같이 사건의 적정하고 공정한 해결에 영향을 미칠 수 있는 소송절차상의 위법이 드러난 경우에는</u>, 사건을 적정하고 공정하게 심리·판단할 책무가 있는 법원으로서는 그와 같은 소송절차상의 위법을 치유하고 그 책무를 다하기 위하여 변론을 재개하고 심리를 속행할 의무가 있다.
>
> ⇨ 원고가 주택법상 무주택자 요건을 갖추지 못한 채 피고와 조합가입계약(1차 계약)을 체결하였다가 부적격자 판정을 받았고 피고의 권유에 따라 원고 소유 주택을 매도하고 매도일 이후 일자로 조합가입계약(2차 계약)을 재체결함. 그러나 원고는 2차 계약 이후 피고로부터 주택조합 설립인가 신청일 기준으로 무주택 요건을 충족하지 못하였다는 이유로 조합원 제외 통지를 받자 1차 계약은 합의 해제되었고 2차 계약은 무효라는 전제에서 피고에게 기납부 조합원분담금 및 행정용역비 상당 금원의 부당이득반환을 구함. 원고는 원심 변론종결일 이후에야 1차 계약이 자동해제되었다는 주장을 추가하였는데 원고가 원심 변론종결일 당시 이미 피고의 조합원에서 제외되는 등 제반 사정을 종합하면 원심으로서는 변론을 재개하여 적절한 석명을 통하여 추가 심리를 할 필요가 있었다는 이유로 원심판결을 파기한 사례

정답 ◯

CHAPTER 3 증거

01 일반육체노동을 하는 사람 또는 육체노동을 주로 생계활동으로 하는 사람의 가동연한을 경험칙상 만 65세까지로 보아야 한다.
표준   **전원합의체 | 예상**

> 일반육체노동을 하는 사람 또는 육체노동을 주로 생계활동으로 하는 사람의 가동연한을 경험칙상 만 65세까지로 보아야 하는지 여부(원칙적 적극)(대판 2019.2.21. 2018다248909 전원합의체)
> **다수의견** 대법원은 1989. 12. 26. 선고한 88다카16867 전원합의체 판결(이하 '종전 전원합의체 판결'이라 한다)에서 일반육체노동을 하는 사람 또는 육체노동을 주로 생계활동으로 하는 사람(이하 '육체노동'이라 한다)의 가동연한을 경험칙상 만 55세라고 본 기존 견해를 폐기하였다. 그 후부터 현재에 이르기까지 육체노동의 가동연한을 경험칙상 만 60세로 보아야 한다는 견해를 유지하여 왔다.
> 그런데 우리나라의 사회적·경제적 구조와 생활여건이 급속하게 향상·발전하고 법제도가 정비·개선됨에 따라 종전 전원합의체 판결 당시 위 경험칙의 기초가 되었던 제반 사정들이 현저히 변하였기 때문에 위와 같은 견해는 더 이상 유지하기 어렵게 되었다. 이제는 특별한 사정이 없는 한 만 60세를 넘어 만 65세까지도 가동할 수 있다고 보는 것이 경험칙에 합당하다.
>
> **주요쟁점** 사회·경제적 구조의 변화 등에 따라 육체노동자의 가동연한을 60세에서 65세로 상향 조정함이 경험칙에 부합함을 확인한 대법원 전원합의체 판결

정답 ○

02 자백의 의사를 추론할 수 있는 행위가 있으면 묵시적으로 자백을 한 것으로 볼 수 있으므로 상대방의 주장에 단순히 침묵하거나 불분명한 진술을 하는 것만으로도 자백이 있다고 인정하기에 충분하다.
                                                                                                      예상

> 상대방의 주장에 단순히 침묵하거나 불분명한 진술을 하는 것으로 재판상의 자백이 있었다고 볼 수 있는지(소극)(대판 2021.7.29. 2018다267900)
> 재판상의 자백은 변론기일 또는 변론준비기일에서 상대방의 주장과 일치하면서 자신에게는 불리한 사실을 진술하는 것을 말한다. 자백은 명시적인 진술이 있는 경우에 인정되는 것이 보통이지만, 자백의 의사를 추론할 수 있는 행위가 있으면 묵시적으로 자백을 한 것으로 볼 수도 있다. 다만 상대방의 주장에 단순히 침묵하거나 불분명한 진술을 하는 것만으로는 자백이 있다고 인정하기에 충분하지 않다.

정답 ×

03 인신사고로 인한 손해배상 사건에서 손해배상액을 산정하는 기초가 되는 피해자의 기대여명에 대하여 원고와 피고 간에 다툼이 없을 경우, 법원은 피해자의 기대여명에 관하여 감정인의 감정결과가 다르게 제출되었다 하더라도 쌍방이 다투지 않는 기대여명에 기하여 손해배상액을 판단하여야 한다. **21법전협-3**

> 인신사고로 인한 손해배상 사건에서 손해배상액을 산정하는 기초가 되는 피해자의 기대여명이 재판상 자백의 대상이 되는지 여부(적극) 및 당사자 사이에 다툼이 없는 사실에 관하여 재판상 자백이 성립한 경우, 법원이 이에 배치되는 사실을 증거에 의하여 인정할 수 있는지 여부(소극)(대판 2018.10.4. 2016다41869)
>
> 인신사고로 인한 손해배상 사건에서 손해배상액을 산정하는 기초가 되는 피해자의 기대여명은 변론주의가 적용되는 주요사실로서 재판상 자백의 대상이 된다. 그리고 일단 재판상 자백이 성립하면 그것이 적법하게 취소되지 않는 한 법원도 이에 구속되므로, 법원은 당사자 사이에 다툼이 없는 사실에 관하여 성립된 자백과 배치되는 사실을 증거에 의하여 인정할 수 없다.

정답 ○

04 원고가 항소한 항소심에서 피고가 공시송달이 아닌 방법으로 송달받고 다투지 아니하였다고 민사소송법 제150조의 자백간주가 성립되는 것은 아니다. **21법전협-3**

> 제1심에서 피고에 대하여 공시송달로 재판이 진행되어 피고에 대한 청구가 기각되었는데, 원고가 항소한 항소심에서 피고가 공시송달이 아닌 방법으로 송달받고도 다투지 아니한 경우, 민사소송법 제150조의 자백간주가 성립하는지 여부(적극)(대판 2018.7.12. 2015다36167)
>
> 제1심에서 피고에 대하여 공시송달로 재판이 진행되어 피고에 대한 청구가 기각되었다고 하여도 피고가 원고 청구원인을 다툰 것으로 볼 수 없으므로, 원고가 항소한 항소심에서 피고가 공시송달이 아닌 방법으로 송달받고도 다투지 아니한 경우에는 민사소송법 제150조의 자백간주가 성립된다.

정답 ×

05 당사자 일방이 한 진술에 잘못된 계산이나 기재가 있어 잘못이 분명한 경우에는 비록 상대방이 이를 원용하였다고 하더라도 자백이 성립할 수 없다. **22변호사 / 21법전협-3 / 19법전협-3**

> 선행자백의 성립요건 및 당사자 일방이 한 진술에 잘못이 분명한 경우, 상대방이 이를 원용하였다고 하여 자백이 성립한 것으로 볼 수 있는지 여부(소극)(대판 2018.8.1. 2018다229564)
>
> 자백은 당사자가 자기에게 불이익한 사실을 인정하는 진술로서 상대방 당사자의 진술내용과 일치하거나 상대방 당사자가 이를 원용하는 경우에 성립하는 것이고, 상대방이 이를 원용하지 아니하여 당사자 쌍방의 주장이 일치된 바 없다면 이를 자백(선행자백)이라고 볼 수 없다. 그리고 당사자 일방이 한 진술에 잘못된 계산이나 기재, 기타 이와 비슷한 표현상의 잘못이 있고, 잘못이 분명한 경우에는 비록 상대방이 이를 원용하였다고 하더라도 당사자 쌍방의 주장이 일치한다고 할 수 없으므로 자백(선행자백)이 성립할 수 없다.

정답 ○

06 1. 법원이 다른 사건의 판결에서 인정한 사실관계를 법원에 현저한 사실로 그대로 인정하는 것은 변론주의 위반이다. _{20법전협-3}

2. 피고와 제3자 사이에 있었던 다른 법원의 확정 판결에서 인정된 사실은 당사자가 증거로 제출하지 않아도 법원에 현저한 사실이 된다. _{20법전협-3}

> [1] 피고와 제3자 사이에 있었던 민사소송의 확정판결의 존재를 넘어서 판결의 이유를 구성하는 사실관계들까지 법원에 현저한 사실로 볼 수 있는지 여부(소극)
>
> 피고와 제3자 사이에 있었던 민사소송의 확정판결의 존재를 넘어서 그 판결의 이유를 구성하는 사실관계들까지 법원에 현저한 사실로 볼 수는 없다. 민사재판에 있어서 이미 확정된 관련 민사사건의 판결에서 인정된 사실은 특별한 사정이 없는 한 유력한 증거가 되지만, 당해 민사재판에서 제출된 다른 증거 내용에 비추어 확정된 관련 민사사건 판결의 사실인정을 그대로 채용하기 어려운 경우에는 합리적인 이유를 설시하여 이를 배척할 수 있다는 법리도 그와 같이 확정된 민사판결 이유 중의 사실관계가 현저한 사실에 해당하지 않음을 전제로 한 것이다.
>
> [2] 원심이 다른 하급심판결의 이유 중 일부 사실관계에 관한 인정 사실을 그대로 인정하면서, 위 사정들이 '이 법원에 현저한 사실'이라고 본 사안에서, 당해 재판의 제1심 및 원심에서 다른 하급심판결의 판결문 등이 증거로 제출된 적이 없고, 당사자들도 이에 관하여 주장한 바가 없음에도 이를 '법원에 현저한 사실'로 본 원심판단에 법리오해의 잘못이 있다고 한 사례(대판 2019.8.9. 2019다222140)
>
> 원심이 다른 하급심판결의 이유 중 일부 사실관계에 관한 인정 사실을 그대로 인정하면서, 위 사정들이 '이 법원에 현저한 사실'이라고 본 사안에서, 당해 재판의 제1심 및 원심에서 다른 하급심판결의 판결문 등이 증거로 제출된 적이 없고, 당사자들도 이에 관하여 주장한 바가 없음에도 이를 '법원에 현저한 사실'로 본 원심판단에 법리오해의 잘못이 있다고 한 사례.
>
> **주요쟁점** 일방 당사자와 제3자 사이의 확정판결의 존재 자체를 넘어 그 판결에 나타난 사실관계까지를 법원에 현저한 사실로 보아 증거에 의하지 않고 인정할 수는 없음을 명확히 한 판결

정답 ○, ×

07 아파트에 관하여 신고·확정된 취득세 과세표준이 실제 건축비를 반영하는 유력한 증거자료인데도, 합리적인 근거 없이 취득세 과세표준의 증명력을 전부 배척한 다음 건축비 감정 결과를 토대로 실제 건축비를 인정한 원심판단에는 자유심증주의의 한계를 벗어나 필요한 심리를 다하지 않은 위법이 있다. _{예상}

> [1] 자유심증주의의 한계
>
> 민사소송법 제202조가 선언하고 있는 자유심증주의는 형식적, 법률적인 증거규칙으로부터의 해방을 뜻할 뿐 법관의 자의적인 판단을 용인한다는 것이 아니다. 법관은 적법한 증거조사절차를 거쳐 증거능력 있는 증거에 의하여 사회정의와 형평의 이념에 입각하여 논리와 경험의 법칙에 따라 사실 주장의 진실 여부를 판단하여야 하고, 비록 사실의 인정이 사실심의 전권에 속한다고 하더라도 이와 같은 제약에서 벗어날 수 없다.

[2] 갑 주식회사가 스스로 건설하여 을 등에게 임대하였다가 분양전환하는 임대아파트의 분양전환가격을 산정하면서 그 산정의 기초가 되는 '건설원가'의 한 요소인 '실제 건축비'를 위 아파트의 취득세 과세표준이 아닌 건축비 감정 결과를 토대로 인정할 수 있는지 문제 된 사안에서, 위 아파트에 관하여 신고·확정된 취득세 과세표준이 실제 건축비를 반영하는 유력한 증거자료인데도, 합리적인 근거 없이 취득세 과세표준의 증명력을 전부 배척한 다음 건축비 감정 결과를 토대로 실제 건축비를 인정한 원심판단에는 자유심증주의의 한계를 벗어나 필요한 심리를 다하지 않은 위법이 있다고 한 사례.(대판 2020.8.27. 2017다211481)

갑 주식회사가 스스로 건설하여 을 등에게 임대하였다가 분양전환하는 임대아파트의 분양전환가격을 산정하면서 그 산정의 기초가 되는 '건설원가'의 한 요소인 '실제 건축비'를 위 아파트의 취득세 과세표준이 아닌 건축비 감정 결과를 토대로 인정할 수 있는지 문제 된 사안에서, 위 아파트와 같이 임대의무기간이 5년인 공공 임대주택의 분양전환가격은 '건설원가'와 '감정평가금액'을 산술평균한 가격을 기초로 하고, 여기서 '건설원가'는 '최초 입주자 모집 당시의 주택가격'에 '자기자금이자'를 더하고 '감가상각비'를 뺀 금액을, '최초 입주자 모집 당시의 주택가격'은 '건축비'와 '택지비'를 기준으로 입주자모집 승인권자가 산정한 금액을 말하며, 위 '건축비'는 특별한 사정이 없는 한 표준건축비의 범위 내에서 실제로 투입된 건축비를 의미하는데, 위 아파트에 관하여 신고·확정된 취득세 과세표준은 법인장부인 공사원가명세서(재료비, 설계비, 외주비 등 각종 비용 항목별로 지출금액이 상세히 기재되어 있다)를 기초로 한 것으로 실제 건축비를 반영하는 유력한 증거자료로 볼 수 있는 반면, 건축비 감정 결과는 아파트의 사용승인도면(자재의 구체적인 사양이나 단가가 전혀 기재되어 있지 않다)과 통계자료만을 기초로 공사비를 추정한 것이어서 실제 투입된 비용과는 차이가 있을 수밖에 없는 등 위 아파트의 취득세 과세표준보다 실제 건축비를 잘 반영하는 자료로 보기 어려우므로, 갑 회사가 위 아파트의 건축비로 실제 지출하였으나 취득세 과세표준에서 제외되거나 누락된 비용이 있다는 점이 밝혀진 경우 원칙적으로 취득세 과세표준에 그 제외되거나 누락된 비용만 추가하여 실제 건축비를 산정하는 것이 합리적인데도, 합리적인 근거 없이 위 아파트의 취득세 과세표준의 증명력을 전부 배척한 다음 건축비 감정 결과를 토대로 실제 건축비를 인정한 원심판단에는 자유심증주의의 한계를 벗어나 필요한 심리를 다하지 않은 위법이 있다고 한 사례.

정답 ○

08 매도증서 등에 등기소의 등기제의 기재가 첨가됨으로써 사문서와 공문서로 구성된 문서는 공증에 관한 문서와는 달라 공문서 부분 성립이 인정된다고 하여 바로 사문서 부분인 매도증서 자체의 진정성립이 추정되거나 인정될 수는 없다. 예상

[1] 민사소송법 제356조 제1항에서 정한 공문서의 진정성립 추정이 번복되는 경우
민사소송법 제356조 제1항은 문서의 작성방식과 취지에 의하여 공무원이 직무상 작성한 것으로 인정한 때에는 이를 진정한 공문서로 추정한다고 규정하고 있으나, 위조 또는 변조 등 특별한 사정이 있다고 볼 만한 반증이 있는 경우에는 위와 같은 추정은 깨어진다.

[2] 매도증서 등에 등기소의 등기제 기재가 첨가됨으로써 사문서와 공문서로 구성된 문서의 경우, 공문서 부분의 성립이 인정되면 사문서 부분인 매도증서 자체의 진정성립이 추정되거나 인정되는지 여부(소극)(대판 2018.4.12. 2017다292244)
매도증서 등에 등기소의 등기제의 기재가 첨가됨으로써 사문서와 공문서로 구성된 문서는 공증에 관한 문서와는 달라 공문서 부분 성립이 인정된다고 하여 바로 사문서 부분인 매도증서 자체의 진정성립이 추정되거나 인정될 수는 없다.

정답 ○

09
표준

1. 민사소송법 제344조 제1항 제1호에서 정하고 있는 인용문서에 해당하더라도, 그것이 같은 조 제2항에서 정하고 있는 '공무원이 그 직무와 관련하여 보관하거나 가지고 있는 문서'라면 특별한 사정이 없는 한 문서 제출의무를 면할 수 있다. 예상

2. 인용문서가 공공기관의 정보공개에 관한 법률 제9조에서 정하고 있는 비공개대상정보에 해당한다고 하더라도, 특별한 사정이 없는 한 그에 관한 문서 제출의무를 면할 수 없다. 예상

> [1] 민사소송법 제344조 제1항 제1호에서 정하고 있는 인용문서의 범위 및 이에 해당하면 같은 조 제2항에서 정하고 있는 '공무원이 그 직무와 관련하여 보관하거나 가지고 있는 문서'라도 문서 제출의무를 부담하는지 여부(원칙적 적극)
>
> 민사소송법 제344조는 '문서의 제출의무'에 관하여 정하고 있는데, 제1항 제1호는 당사자가 소송에서 인용한 문서(이하 '인용문서'라 한다)를 가지고 있는 때에는 문서를 가지고 있는 사람은 그 제출을 거부하지 못한다고 정하고 있다. 제2항은 제1항의 경우 외에도 문서의 제출의무가 인정되는 사유를 정하면서 '공무원 또는 공무원이었던 사람이 그 직무와 관련하여 보관하거나 가지고 있는 문서'에 대해서는 제2항에 따른 문서 제출의무의 대상에서 제외하고 있다.
>
> 민사소송법 제344조 제1항 제1호에서 정하고 있는 인용문서는 당사자가 소송에서 문서 그 자체를 증거로서 인용한 경우뿐만 아니라 자기주장을 명백히 하기 위하여 적극적으로 문서의 존재와 내용을 언급하여 자기주장의 근거나 보조 자료로 삼은 문서도 포함한다. 또한 위 조항의 인용문서에 해당하면, 그것이 <u>같은 조 제2항에서 정하고 있는 '공무원이 그 직무와 관련하여 보관하거나 가지고 있는 문서'라도 특별한 사정이 없는 한 문서 제출의무를 면할 수 없다.</u>
>
> [2] 민사소송법 제344조 제1항 제1호에서 정하고 있는 인용문서가 공무원이 직무와 관련하여 보관하거나 가지고 있는 문서로서 공공기관의 정보공개에 관한 법률 제9조에서 정하고 있는 비공개대상정보에 해당하는 경우, 문서 제출의무를 부담하는지 여부(원칙적 적극)(대결 2017.12.28. 2015무423)
>
> 민사소송법 제344조 제1항 제1호의 문언, 내용, 체계와 입법 목적 등에 비추어 볼 때, 인용문서가 공무원이 직무와 관련하여 보관하거나 가지고 있는 문서로서 공공기관의 정보공개에 관한 법률 제9조에서 정하고 있는 비공개대상정보에 해당한다고 하더라도, 특별한 사정이 없는 한 그에 관한 문서 제출의무를 면할 수 없다.

주요쟁점 문서소지자에게 제출의무가 인정되는 민사소송법 제344조 제1항 제1호에 규정된 인용문서의 의미를 밝히고, 위 규정의 문언, 내용, 체계와 입법목적 등을 근거로 인용문서가 공무원이 직무와 관련하여 보관하거나 가지고 있는 문서로서 공공기관의 정보공개에 관한 법률 제9조에서 정하고 있는 비공개 대상 정보에 해당하는 때에도 특별한 사정이 없는 한 그에 관한 문서제출의무를 면할 수 없음을 분명히 한 결정

정답 ×, ○

10 손해가 발생한 사실이 인정되나 구체적인 손해의 액수를 증명하는 것이 매우 어려운 경우에는 법원은 손해배상청구를 쉽사리 배척해서는 안 되고, 적극적으로 석명권을 행사하여 증명을 촉구하는 등으로 구체적인 손해액에 관하여 심리하여야 한다. 그 후에도 구체적인 손해액을 알 수 없다면 손해액 산정의 근거가 되는 간접사실을 종합하여 손해액을 인정할 수 있다. 이는 채무불이행이나 불법행위로 인한 손해배상에만 적용되고, 특별법에 따른 손해배상에는 적용되지 아니한다.

예상

> [1] 손해배상책임이 인정되나 손해액에 관한 당사자의 주장과 증명이 미흡한 경우, 법원이 취하여야 할 조치
> 손해배상책임이 인정되는 경우 법원은 손해액에 관한 당사자의 주장과 증명이 미흡하더라도 적극적으로 석명권을 행사하여 증명을 촉구하여야 하고, 경우에 따라서는 직권으로 손해액을 심리·판단하여야 한다.
>
> [2] 채무불이행이나 불법행위로 인한 손해배상청구소송에서 재산적 손해의 발생사실이 인정되나 구체적인 손해의 액수를 증명하는 것이 사안의 성질상 곤란한 경우, 법원이 증거조사의 결과와 변론 전체의 취지에 의하여 밝혀진 간접사실들을 종합하여 손해의 액수를 정할 수 있는지 여부(적극) 및 이때 법원이 취하여야 할 조치 / '손해배상 액수의 산정'에 관하여 규정한 민사소송법 제202조의2가 특별법에 따른 손해배상에도 적용되는 일반적 성격의 규정인지 여부(원칙적 적극)(대판 2020.3.26. 2018다301336)
>
> 채무불이행이나 불법행위로 인한 손해배상청구소송에서 재산적 손해의 발생사실이 인정되나 구체적인 손해의 액수를 증명하는 것이 사안의 성질상 곤란한 경우, 법원은 증거조사의 결과와 변론 전체의 취지에 의하여 밝혀진 당사자들 사이의 관계, 채무불이행이나 불법행위와 그로 인한 재산적 손해가 발생하게 된 경위, 손해의 성격, 손해가 발생한 이후의 제반 정황 등 관련된 모든 간접사실들을 종합하여 적당하다고 인정되는 금액을 손해의 액수로 정할 수 있다.
>
> 민사소송법 제202조의2는 종래의 판례를 반영하여 '손해배상 액수의 산정'이라는 제목으로 "손해가 발생한 사실은 인정되나 구체적인 손해의 액수를 증명하는 것이 사안의 성질상 매우 어려운 경우에 법원은 변론 전체의 취지와 증거조사의 결과에 의하여 인정되는 모든 사정을 종합하여 상당하다고 인정되는 금액을 손해배상 액수로 정할 수 있다."라고 정하고 있다. <u>이 규정은 특별한 정함이 없는 한 채무불이행이나 불법행위로 인한 손해배상뿐만 아니라 특별법에 따른 손해배상에도 적용되는 일반적 성격의 규정이다.</u> 손해가 발생한 사실이 인정되나 구체적인 손해의 액수를 증명하는 것이 매우 어려운 경우에는 법원은 손해배상청구를 쉽사리 배척해서는 안 되고, 적극적으로 석명권을 행사하여 증명을 촉구하는 등으로 구체적인 손해액에 관하여 심리하여야 한다. 그 후에도 구체적인 손해액을 알 수 없다면 손해액 산정의 근거가 되는 간접사실을 종합하여 손해액을 인정할 수 있다.

정답 ✕

11 손해가 발생한 사실이 인정되나 구체적인 손해의 액수를 증명하는 것이 매우 어려운 경우에 법원은 손해배상청구를 쉽사리 배척해서는 안 되고, 적극적으로 석명권을 행사하여 증명을 촉구하는 등으로 구체적인 손해액에 관하여 심리하여야 하지만 그 후에도 구체적인 손해액을 알 수 없다면 법원은 모든 사정을 종합하여 상당하다고 인정되는 금액을 손해배상 액수로 정할 수 없다.
예상

> **손해가 발생한 사실이 인정되나 구체적인 손해의 액수를 증명하는 것이 어려운 경우, 법원이 취하여야 할 조치 및 이때 고려할 사항**(대판 2021.6.30. 2017다249219)
> 손해가 발생한 사실이 인정되나 구체적인 손해의 액수를 증명하는 것이 매우 어려운 경우에 법원은 손해배상청구를 쉽사리 배척해서는 안 되고, 적극적으로 석명권을 행사하여 증명을 촉구하는 등으로 구체적인 손해액에 관하여 심리하여야 한다. 그 후에도 구체적인 손해액을 알 수 없다면 민사소송법 제202조의2에 따라 법원은 변론 전체의 취지와 증거조사의 결과에 의하여 인정되는 모든 사정을 종합하여 상당하다고 인정되는 금액을 손해배상 액수로 정할 수 있다. 이때 고려할 사정에는 당사자들 사이의 관계, 불법행위로 인한 손해가 발생하게 된 경위, 손해의 성격, 손해가 발생한 이후의 정황 등이 포함된다.

정답 ✕

12 피해자가 가해자를 상대로 대기오염이나 수질오염에 의한 공해로 인한 손해배상을 청구하는 소송에 있어서 가해자가 어떠한 유해한 원인물질을 배출하고 그것이 피해물건에 도달하여 손해가 발생하였음을 피해자가 증명하였다면, 가해자가 그것이 무해하다는 것을 증명하여야 한다.
14변호사

> **공해소송에서 인과관계에 관한 증명책임의 분배**(대판 2019.11.28. 2016다233538, 233545)
> 일반적으로 불법행위로 인한 손해배상청구사건에서 가해자의 가해행위, 피해자의 손해발생, 가해행위와 피해자의 손해발생 사이의 인과관계에 관한 증명책임은 청구자인 피해자가 부담한다. 다만 대기오염이나 수질오염 등에 의한 공해로 인한 손해배상을 청구하는 소송에서 피해자에게 사실적인 인과관계의 존재에 관하여 과학적으로 엄밀한 증명을 요구하는 것은 공해로 인한 사법적 구제를 사실상 거부하는 결과가 될 수 있는 반면에, 기술적·경제적으로 피해자보다는 가해자에 의한 원인조사가 훨씬 용이한 경우가 많을 뿐만 아니라 가해자는 손해발생의 원인을 은폐할 염려가 있기 때문에, 가해자가 어떤 유해한 원인물질을 배출하고 그것이 피해물건에 도달하여 손해가 발생하였다면 가해자 측에서 그것이 무해하다는 것을 증명하지 못하는 한 가해행위와 피해자의 손해발생 사이의 인과관계를 인정할 수 있다. 그러나 이 경우에 있어서도 적어도 가해자가 어떤 유해한 원인물질을 배출한 사실, 그 유해의 정도가 사회통념상 일반적으로 참아내야 할 정도를 넘는다는 사실, 그것이 피해물건에 도달한 사실, 그 후 피해자에게 손해가 발생한 사실에 관한 증명책임은 피해자가 여전히 부담한다.

정답 ○

13 대기오염이나 수질오염 등에 의한 공해로 손해배상을 청구하는 소송에서 기술적·경제적으로 피해자보다 가해자에 의한 원인조사가 훨씬 용이한 경우가 많을 뿐만 아니라 가해자는 손해발생의 원인을 은폐할 염려가 있기 때문에 증명책임이 법률상 전환되므로 가해자가 무해함을 입증하여야 한다.

예상

[1] 환경오염 또는 환경훼손으로 피해가 발생한 경우, 원인자가 환경정책기본법 제44조 제1항에 따라 귀책사유가 없더라도 피해를 배상하여야 하는지 여부(적극) 및 공해로 손해배상을 청구하는 소송에서 인과관계에 관한 증명책임의 분배

환경정책기본법 제44조 제1항은 '환경오염의 피해에 대한 무과실책임'이라는 제목으로 "환경오염 또는 환경훼손으로 피해가 발생한 경우에는 해당 환경오염 또는 환경훼손의 원인자가 그 피해를 배상하여야 한다."라고 정하고 있다. 이는 민법의 불법행위 규정에 대한 특별 규정으로서, 환경오염 또는 환경훼손의 피해자가 원인자에게 손해배상을 청구할 수 있는 근거규정이다. 따라서 환경오염 또는 환경훼손으로 피해가 발생한 때에는 원인자는 환경정책기본법 제44조 제1항에 따라 귀책사유가 없더라도 피해를 배상하여야 한다.

일반적으로 불법행위로 인한 손해배상청구 사건에서 가해자의 가해행위, 피해자의 손해발생, 가해행위와 피해자의 손해발생 사이의 인과관계에 관한 증명책임은 청구자인 피해자가 부담한다. 다만 대기오염이나 수질오염 등에 의한 공해로 손해배상을 청구하는 소송에서 피해자에게 사실적인 인과관계의 존재에 관하여 과학적으로 엄밀한 증명을 요구하는 것은 공해로 인한 사법적 구제를 사실상 거부하는 결과가 될 수 있다. 반면에 기술적·경제적으로 피해자보다 가해자에 의한 원인조사가 훨씬 용이한 경우가 많을 뿐만 아니라 가해자는 손해발생의 원인을 은폐할 염려가 있기 때문에, 가해자가 어떤 유해한 원인물질을 배출하고 그것이 피해물건에 도달하여 손해가 발생하였다면 가해자 측에서 그것이 무해하다는 것을 증명하지 못하는 한 가해행위와 피해자의 손해발생 사이의 인과관계를 인정할 수 있다. 그러나 이 경우에 적어도 가해자가 어떤 유해한 원인물질을 배출한 사실, 유해의 정도가 사회통념상 참을 한도를 넘는다는 사실, 그것이 피해물건에 도달한 사실, 그 후 피해자에게 손해가 발생한 사실에 관한 증명책임은 피해자가 여전히 부담한다.

[2] 감정인의 감정 결과의 증명력 및 불법행위로 인한 손해배상청구 사건에서 책임감경사유에 관한 사실인정이나 비율을 정하는 것이 사실심의 전권사항인지 여부(원칙적 적극)

감정인의 감정 결과는 감정 방법 등이 경험칙에 반하거나 합리성이 없는 등 현저한 잘못이 없는 한 이를 존중하여야 한다. 가해행위와 피해자 측의 요인이 경합하여 손해가 발생하거나 확대된 경우 피해자 측의 귀책사유와 무관한 것이라고 할지라도 가해자에게 손해의 전부를 배상시키는 것이 공평의 이념에 반하는 경우에는 법원은 배상액을 정하면서 과실상계의 법리를 유추적용하여 손해의 발생이나 확대에 기여한 피해자 측의 요인을 참작할 수 있다. 불법행위로 인한 손해배상청구 사건에서 책임감경사유에 관한 사실인정이나 비율을 정하는 것은 그것이 형평의 원칙에 비추어 현저히 불합리하다고 인정되지 않는 한 사실심의 전권사항에 속한다.

[3] 소송대리인이 상소 제기에 관한 특별한 권한을 따로 받은 경우, 소송대리인이 상소장에 인지를 붙이지 않은 흠을 보정할 수 있는지 여부(원칙적 적극) 및 이때 원심 재판장이 소송대리인에게 인지의 보정을 명할 수 있는지 여부(원칙적 적극)

소송대리권의 범위는 원칙적으로 해당 심급에 한정되지만, 소송대리인이 상소 제기에 관한 특별한 권한을 따로 받았다면 특별한 사정이 없는 한 상소장을 제출할 권한과 의무가 있으므로, 상소장에 인지를 붙이지 않은 흠이 있다면 소송대리인은 이를 보정할 수 있고 원심 재판장도 소송대리인에게 인지의 보정을 명할 수 있다.

[4] 경마공원 인근에서 화훼농원을 운영하는 갑 등이 한국마사회가 경마공원을 운영하면서 경주로 모래의 결빙을 방지하기 위하여 살포한 소금이 지하수를 통해 농원으로 유입되어 갑 등이 재배하던 분재와 화훼 등이 고사하였다고 주장하며 한국마사회를 상대로 손해배상을 구한 사안에서, 환경정책기본법 제44조 제1항에 따라 한국마사회의 손해배상책임이 인정된다고 한 사례(대판 2020.6.25. 2019다292026(본소), 2019다292033(반소), 2019다292040(반소))

경마공원 인근에서 화훼농원을 운영하는 갑 등이 한국마사회가 경마공원을 운영하면서 경주로 모래의 결빙을 방지하기 위하여 살포한 소금이 지하수를 통해 농원으로 유입되어 갑 등이 재배하던 분재와 화훼 등이 고사하였다고 주장하며 한국마사회를 상대로 손해배상을 구한 사안에서, 한국마사회가 겨울철마다 경주로 모래의 결빙을 방지하기 위하여 뿌린 소금이 땅속으로 스며들어 지하수로 유입되었고 갑 등이 사용한 지하수의 염소이온농도는 농업용수 수질기준을 초과하거나 이에 근접한 수치로서 경마공원 부근의 지하수는 농원이 위치한 곳을 지나 주변 하천으로 흐르고 있으므로 다량의 소금 유입이 갑 등이 사용하는 지하수 염소이온농도의 상승에 영향을 미쳤다고 보이는 점, 환경관리공단의 조사에 따르면 한국마사회가 경주로에서 사용한 염분에 의한 오염물질이 지하수로 흘러 들어가 인근 지역으로 이동하였을 가능성이 추정되는 점 등에 비추어, 환경정책기본법 제44조 제1항에 따라 한국마사회의 손해배상책임이 인정된다고 한 사례.

정답 ✕

14 문제 된 증상 발생에 관하여 의료 과실 이외의 다른 원인이 있다고 보기 어려운 간접사실들을 증명함으로써 그와 같은 증상이 의료 과실에 기한 것이라고 추정하는 것도 가능하지만, 그 경우에도 의사의 과실로 인한 결과 발생을 추정할 수 있을 정도의 개연성이 담보되지 않는 사정들을 가지고 막연하게 중대한 결과에서 의사의 과실과 인과관계를 추정함으로써 결과적으로 의사에게 무과실의 증명책임을 지우는 것까지 허용되는 것은 아니다. 예상

[1] 문제 된 증상 발생에 관하여 의료 과실 이외의 다른 원인이 있다고 보기 어려운 간접사실들을 증명함으로써 그 증상이 의료 과실에 기한 것이라고 추정할 수 있는지 여부(적극) 및 그 한계

의료행위는 고도의 전문적 지식을 필요로 하는 분야로서 전문가가 아닌 일반인으로서는 의사의 의료행위 과정에 주의의무 위반이 있는지나 주의의무 위반과 손해 발생 사이에 인과관계가 있는지를 밝혀내기가 극히 어려운 특수성이 있다. 따라서 문제 된 증상 발생에 관하여 의료 과실 이외의 다른 원인이 있다고 보기 어려운 간접사실들을 증명함으로써 그와 같은 증상이 의료 과실에 기한 것이라고 추정하는 것도 가능하다. 그러나 그 경우에도 의사의 과실로 인한 결과 발생을 추정할 수 있을 정도의 개연성이 담보되지 않는 사정들을 가지고 막연하게 중대한 결과에서 의사의 과실과 인과관계를 추정함으로써 결과적으로 의사에게 무과실의 증명책임을 지우는 것까지 허용되는 것은 아니다.

[2] 의사가 의료행위를 할 때 요구되는 주의의무의 내용 및 진단상의 과실 유무의 판단 기준

의사는 진찰·치료 등의 의료행위를 할 때 사람의 생명·신체·건강을 관리하는 업무의 성질에 비추어 환자의 구체적인 증상이나 상황에 따라 위험을 방지하기 위하여 요구되는 최선의 조치를 할 주의의무가 있다. 의사의 주의의무는 의료행위를 할 당시 의료기관 등 임상의학 분야에서 실천되고 있는 의료행위 수준을 기준으로 판단하여야 한다. 특히 진단은 문진·시진·촉진·청진과 각종 임상검사 등의 결과를 토대로 질병 여부를 감별하고 그 종류, 성질과 진행 정도 등을 밝혀내는 임상의학의 출발점으로서 이에 따라 치료법이 선택되는 중요한 의료행위이다. 진단상의 과실 유무를 판단할 때 그 과정에서 비록 완전무결한 임상진단의 실시는 불가능하다고 할지라도 적어도 임상의학 분야에서 실천되고 있는 진단 수준의 범위에서 의사가 전문 직업인으로서 요구되는 의료 윤리, 의학지식과 경험을 토대로 신중히 환자를 진찰하고 정확히 진단함으로써 위험한 결과 발생을 예견하고 결과 발생을 회피하는 데에 필요한 최선의 주의의무를 다하였는지를 따져 보아야 한다.

[3] 의료 과실로 인한 손해배상액을 산정하면서 피해자 측 귀책사유와 무관한 피해자의 체질적인 소인 또는 질병의 위험도 등을 감액사유로 참작할 수 있는지 여부(적극) 및 책임감경사유에 관한 사실인정이나 비율을 정하는 것이 사실심의 전권사항인지 여부(원칙적 적극)

가해행위와 피해자 측 요인이 경합하여 손해가 발생하거나 확대된 경우에는 피해자 측 요인이 체질적인 소인 또는 질병의 위험도와 같이 피해자 측 귀책사유와 무관한 것이라고 할지라도, 질환의 모습이나 정도 등에 비추어 가해자에게 손해의 전부를 배상하게 하는 것이 공평의 이념에 반하는 경우에는, 법원은 손해배상액을 정하면서 과실상계의 법리를 유추적용하여 손해의 발생 또는 확대에 기여한 피해자 측 요인을 고려할 수 있다. 손해배상청구 사건에서 책임감경사유에 관한 사실인정이나 비율을 정하는 것은 그것이 형평의 원칙에 비추어 현저히 불합리하다고 인정되지 않는 한 사실심의 전권사항에 속한다.

[4] 진료계약상 주의의무 위반으로 환자의 생명이나 신체가 침해된 경우, 진료계약의 당사자인 병원 등이 환자가 입은 정신적 고통에 대해서도 손해를 배상해야 하는지 여부(적극)

진료계약상 주의의무 위반으로 환자의 생명이나 신체에 불이익한 결과를 초래한 경우 일반적으로 채무불이행책임과 불법행위책임이 성립할 수 있다. 이와 같이 생명·신체가 침해된 경우 환자가 정신적 고통을 입는다고 볼 수 있으므로, 진료계약의 당사자인 병원 등은 환자가 입은 정신적 고통에 대해서도 민법 제393조, 제763조, 제751조 제1항에 따라 손해를 배상해야 한다.

[5] 불법행위 또는 채무불이행으로 입은 정신적 피해에 대한 위자료 액수의 산정이 사실심법원의 재량사항인지 여부(적극)(대판 2018.11.15. 2016다244491)

불법행위 또는 채무불이행으로 입은 정신적 피해에 대한 위자료 액수에 관해서는 사실심법원이 여러 사정을 참작하여 그 전권에 속하는 재량에 따라 확정할 수 있다.

정답 ○

CHAPTER 1 총설

CHAPTER 2 당사자의 행위에 의한 종료

CHAPTER 3 종국판결에 의한 종료

PART 03

소송의 종료

CHAPTER 1 총설

01 판결에 당사자가 주장한 사항에 대한 구체적·직접적인 판단이 표시되어 있지 않더라도 판결 이유의 전반적인 취지에 비추어 그 주장을 인용하거나 배척하였음을 알 수 있는 정도라면 판단누락이라고 할 수 없고, 설령 실제로 판단을 하지 아니하였다고 하더라도 그 주장이 배척될 경우임이 분명한 때에는 판결 결과에 영향이 없어 판단누락의 위법이 있다고 할 수 없다.

예상

> 판결에 당사자가 주장한 사항에 대한 구체적·직접적인 판단이 표시되어 있지 않지만 판결 이유의 전반적인 취지에 비추어 주장의 인용 여부를 알 수 있는 경우 또는 실제로 판단을 하지 않았지만 주장이 배척될 것임이 분명한 경우, 판단누락의 위법이 있는지 여부(소극)(대판 2018.7.20. 2016다34281)
>
> 판결서의 이유에는 주문이 정당하다는 것을 인정할 수 있을 정도로 당사자의 주장, 그 밖의 공격방어 방법에 관한 판단을 표시하면 되고 당사자의 모든 주장이나 공격방어 방법에 관하여 판단할 필요가 없다(민사소송법 제208조 제2항 참조). 판결에 당사자가 주장한 사항에 대한 구체적·직접적인 판단이 표시되어 있지 않더라도 판결 이유의 전반적인 취지에 비추어 그 주장을 인용하거나 배척하였음을 알 수 있는 정도라면 판단누락이라고 할 수 없고, 설령 실제로 판단을 하지 아니하였다고 하더라도 그 주장이 배척될 경우임이 분명한 때에는 판결 결과에 영향이 없어 판단누락의 위법이 있다고 할 수 없다.

정답 ○

02

1. 갑이 을을 상대로 제기한 공유물분할청구의 소에 관하여 선고한 원심판결의 주문에서 '가. (가), (나) 부분 토지는 을의 소유로, (다) 부분 토지는 갑의 소유로 각 분할한다. 나. 갑은 을로부터 가액보상금을 지급받음과 동시에, 을에게 (가), (나) 부분 토지 중 갑의 지분에 관하여 공유물분할을 원인으로 한 소유권이전등기절차를 이행하라'고 한 사안에서, 원심판결의 주문의 가항과 나항은 효과 면에서 서로 모순된다. 　　　　예상

2. 법원은 등기의무자, 즉 등기부상의 형식상 그 등기에 의하여 권리를 상실하거나 기타 불이익을 받을 자(등기명의인이거나 그 포괄승계인)가 아닌 자를 상대로 등기의 말소절차 이행을 명할 수는 없다. 　　　　예상

> [1] 갑이 을을 상대로 제기한 공유물분할청구의 소에 관하여 선고한 원심판결의 주문에서 '1. 가. (가), (나) 부분 토지는 을의 소유로, (다) 부분 토지는 갑의 소유로 각 분할한다. 나. 갑은 을로부터 가액보상금을 지급받음과 동시에, 을에게 (가), (나) 부분 토지 중 갑의 지분에 관하여 공유물분할을 원인으로 한 소유권이전등기절차를 이행하라'고 한 사안에서, 원심판결의 주문 제1의 가항과 나항은 효과 면에서 서로 모순된다고 한 사례
>
> 갑이 을을 상대로 제기한 공유물분할청구의 소에 관하여 선고한 원심판결의 주문에서 '1. 가. (가), (나) 부분 토지는 을의 소유로, (다) 부분 토지는 갑의 소유로 각 분할한다. 나. 갑은 을로부터 가액보상금을 지급받음과 동시에, 을에게 (가), (나) 부분 토지 중 갑의 지분에 관하여 공유물분할을 원인으로 한 소유권이전등기절차를 이행하라'고 한 사안에서, 원심판결의 주문 제1의 가항은 형성판결로서 그대로 확정될 경우, 을은 (가), (나) 부분 토지에 관한 단독소유권을 취득하고, 갑은 (다) 부분 토지에 관한 단독소유권을 취득하게 되므로, 을이 단독소유권을 취득하게 될 (가), (나) 부분 토지와 관련하여, 갑이 을에게 (가), (나) 부분 토지 중 갑의 지분에 관하여 소유권이전등기신청에 대한 의사표시를 별도로 할 필요가 없고, 반면에 원심판결의 주문 제1의 나항은 이행판결로서 그대로 확정될 경우, 을이 반대의무인 가액보상금 지급의무를 이행한 사실을 증명하여 재판장의 명령에 의하여 집행문을 받아야만 (가), (나) 부분 토지 중 갑의 지분에 관하여 갑의 소유권이전등기신청에 대한 의사표시 의제의 효과가 발생하므로, 향후 (가), (나) 부분 토지 중 갑의 지분에 관하여 갑의 소유권이전등기신청에 대한 의사표시가 필요하지 않음을 전제로 하는 원심판결의 주문 제1의 가항과 향후 (가), (나) 부분 토지 중 갑의 지분에 관하여 갑의 소유권이전등기신청에 대한 의사표시가 필요함을 전제로 하는 원심판결의 주문 제1의 나항은 효과 면에서 서로 모순되므로, 원심판결에는 이유모순 등의 잘못이 있다고 한 사례.
>
> [2] 공유물분할청구의 소에서 법원이 등기의무자가 아닌 자를 상대로 등기의 말소절차 이행을 명할 수 있는지 여부(소극)(대판 2020.8.20. 2018다241410(본소), 2018다241427(반소))
>
> 공유물분할청구의 소는 형성의 소로서 법원은 공유물분할을 청구하는 원고가 구하는 방법에 구애받지 않고 재량에 따라 합리적 방법으로 분할을 명할 수 있다. 그러나 법원은 등기의무자, 즉 등기부상의 형식상 그 등기에 의하여 권리를 상실하거나 기타 불이익을 받을 자(등기명의인이거나 그 포괄승계인)가 아닌 자를 상대로 등기의 말소절차 이행을 명할 수는 없다.

정답 ○, ○

CHAPTER 2 당사자의 행위에 의한 종료

01 선행 추심소송이 항소심에서 취하된 경우에 다른 채권자가 제기한 추심금 청구의 소는 재소금지 원칙에 반하므로 압류·추심명령이 원금뿐만 아니라 지연손해금에 대해서도 내려진 경우라도 후행 추심금 소송에서 위 압류된 지연손해금에 대해서 다시 지연손해금을 부담하지 않는다.

예상

1. 선행 추심소송이 항소심에서 취하된 경우에 다른 채권자가 제기한 추심금 청구의 소가 재소금지 원칙에 반하는지 여부(소극)

    민사소송법 제267조 제2항은 "본안에 대한 종국판결이 있은 뒤에 소를 취하한 사람은 같은 소를 제기하지 못한다."라고 정하고 있다. 이는 소취하로 그동안 판결에 들인 법원의 노력이 무용화되고 다시 동일한 분쟁을 문제 삼아 소송제도를 남용하는 부당한 사태를 방지할 목적에서 나온 제재적 취지의 규정이다. 여기에서 "같은 소"는 반드시 기판력의 범위나 중복제소금지에서 말하는 것과 같은 것은 아니고, 당사자와 소송물이 같더라도 이러한 규정의 취지에 반하지 않고 소제기를 필요로 하는 정당한 사정이 있다면 다시 소를 제기할 수 있다(대판 2009.6.25. 2009다22037, 대판 2017.4.13. 2015다16620 참조). 원심은 '선행 추심소송은 이 사건 소를 제기하기 전에 이미 소송계속이 소멸하였으므로 중복제소에 해당하지 않고, 원고들은 선행 추심소송과 별도로 자신의 ○○○에 대한 채권의 집행을 위하여 이 사건 소를 제기한 것이므로 새로운 권리보호이익이 발생한 것으로 볼 수 있어 재소금지 규정에 반한다고 볼 수도 없다'는 이유로 피고들의 주장을 배척하였다. 위에서 본 사실과 함께, □□□이 선행 추심소송에서 패소 판결을 회피할 목적 등으로 종국판결 후 소를 취하하였다거나 원고들이 소송제도를 남용할 의도로 이 사건 소를 제기하였다고 보기 어렵다는 사정을 위에서 본 법리에 비추어 살펴보면, 원심판결은 정당하고, 상고이유 주장과 같이 중복제소나 재소금지 규정에 관한 법리 등을 오해하여 판결에 영향을 미친 잘못이 없다.

2. 원금뿐만 아니라 지연손해금에 대해서도 압류·추심명령이 내려진 경우 추심금 소송에서 위 압류된 지연손해금에 대해서도 다시 지연손해금을 부담하는지(적극)(대판 2021.5.7. 2018다259213)

    금전채무의 지연손해금채무는 금전채무의 이행지체로 인한 손해배상채무로서 이행기의 정함이 없는 채무에 해당하므로, 채무자는 확정된 지연손해금채무에 대하여 채권자로부터 이행청구를 받은 때부터 지체책임을 부담하게 된다(대판 2010.12.9. 2009다59237 참조). 원고들은 이 사건 채권압류 및 추심명령을 신청할 당시 이 사건 정산금 채권 원금과 이에 대하여 2004. 2. 13.부터 2016. 7. 26.까지 발생한 지연손해금을 합산하여 압류 및 추심할 채권으로 특정하였고, 위 채권 전부를 피고 △△△ 등에게 청구하는 추심금의 원금으로 삼아 이 사건 소를 제기하였다. 이러한 사정을 위에서 본 법리에 비추어 살펴보면, 이 사건 채권압류 및 추심명령 신청 당시 압류 및 추심할 채권으로 표시된 이 사건 정산금 채권의 지연손해금 부분은 확정된 지연손해금채무로 볼 수 있으므로 피고 △△△ 등은 원고들로부터 추심금에 대한 이행청구를 받은 때부터 지체책임을 부담하게 된다.

    ⇨ 추심채권자가 제3채무자인 피고들을 상대로 추심금 소송을 제기하였다가 항소심에서 소취하를 하였는데, 그 후 압류·추심명령을 받은 또다른 추심채권자인 원고들이 다시 피고들을 상대로

추심금 청구를 한 사건에서, 후소는 권리보호이익을 달리 하여 재소금지 원칙에 위반되지 않고, 또한 압류채권에 포함된 지연손해금은 확정된 지연손해금채무로서 추심금에 대한 이행청구를 받은 때부터 다시 지체책임을 부담한다고 본 사례임

정답 ×

02 청구의 인낙이 실체법상 채권·채무의 발생 또는 소멸의 효력을 갖지 않는다.　　　　예상

청구의 인낙이 실체법상 채권·채무의 발생 또는 소멸의 효력을 갖는지 여부(소극)(대판 2022.3.31. 2020다271919)
청구의 인낙은 피고가 원고의 주장을 승인하는 소위 관념의 표시에 불과한 소송상 행위로서 이를 조서에 기재한 때에는 확정판결과 동일한 효력이 발생되어 그로써 소송을 종료시키는 효력이 있을 뿐이고, 실체법상 채권·채무의 발생 또는 소멸의 원인이 되는 법률행위라 볼 수 없다.

정답 ○

03 화해의 창설적 효력이 미치는 범위는 당사자가 서로 양보를 하여 확정하기로 합의한 사항에 한하며, 당사자가 다툰 사실이 없거나 화해의 전제로서 서로 양해하고 있는 데 지나지 아니한 사항에 관하여는 그러한 효력이 생기지 아니한다.　　　　예상

[1] 재판상 화해의 창설적 효력이 미치는 범위 및 이러한 법률관계는 민사조정법상 조정의 경우에도 마찬가지로 적용되는지 여부(적극)
재판상의 화해는 확정판결과 같은 효력이 있고(민사소송법 제220조), 사법상의 화해계약은 창설적 효력을 가져(민법 제732조) 화해가 이루어지면 종전의 법률관계를 바탕으로 한 권리의무관계는 소멸한다.
그렇지만 화해의 창설적 효력이 미치는 범위는 당사자가 서로 양보를 하여 확정하기로 합의한 사항에 한하며, 당사자가 다툰 사실이 없거나 화해의 전제로서 서로 양해하고 있는 데 지나지 아니한 사항에 관하여는 그러한 효력이 생기지 아니한다. 그리고 이러한 법률관계는 민사조정법 제29조에 의하여 재판상의 화해와 동일한 효력이 인정되는 민사조정법상의 조정의 경우에도 마찬가지로 적용된다.

[2] 당사자가 표시한 문언에 의하여 객관적인 의미가 명확하게 드러나지 않는 경우, 법률행위의 해석방법 및 이러한 법리는 소송당사자 사이에 조정이 성립한 후 조정조항의 해석에 관하여 다툼이 있는 경우에도 마찬가지로 적용되는지 여부(적극)
법률행위의 해석은 당사자가 그 표시행위에 부여한 객관적 의미를 명백하게 확정하는 것으로서, 당사자가 표시한 문언에 의하여 그 객관적인 의미가 명확하게 드러나지 아니하는 경우에는 문언의 내용과 법률행위가 이루어진 동기 및 경위, 당사자가 법률행위에 의하여 달성하려는 목적과 진정한 의사, 거래의 관행 등을 종합적으로 고려하여 정의와 형평의 이념에 맞도록 논리와 경험의 법칙, 그리고 사회 일반의 상식과 거래의 통념에 따라 합리적으로 해석하여야 하고, 이러한 법리는 소송의 당사자 사이에 조정이 성립한 후 조정조항의 해석에 관하여 다툼이 있는 경우에도 마찬가지로 적용된다.

[3] 주권발행 전 주식의 양도가 회사 성립 후 6월이 경과한 후에 이루어진 경우, 주식양수인이 단독으로 회사에 대하여 명의개서를 청구할 수 있는지 여부(원칙적 적극)(대판 2019.4.25. 2017다21176)
주권발행 전 주식의 양도가 회사 성립 후 6월이 경과한 후에 이루어진 때에는 당사자의 의사표시만으로 회사에 대하여 효력이 있으므로, 주식양수인은 특별한 사정이 없는 한 양도인의 협력을 받을 필요 없이 단독으로 자신이 주식을 양수한 사실을 증명함으로써 회사에 대하여 명의개서를 청구할 수 있다.

⇨ 甲 주식회사의 대표이사 乙과 丙 사이에 乙이 보유하고 있던 주권발행 전 주식인 甲 회사 발행 주식을 丙에게 양도하는 내용의 약정(이하 '양도약정'이라 한다)이 체결되었는데도 그 후 위 주식이 丁에게 양도된 것처럼 주주명부에 등재되자, 丙이 甲 회사와 乙, 丁 등을 상대로 丙이 위 주식의 주주라는 확인 등을 구하는 소를 제기하여 '丙은 양도약정에 기한 청구 이외의 부분을 전부 취하한다', '丙이 위 주식의 주주임을 확인한다'는 내용 등으로 조정이 성립되었고, 그 후 戊가 丙으로부터 위 주식을 양수하는 계약을 체결하여 양도 사실이 甲 회사에 통지되었는데, 조정 성립 전 위 주식에 대하여 乙의 신청에 의한 가압류결정이 내려져 그 결정이 제3채무자인 甲 회사에 송달되고, 조정 성립 후 위 가압류를 본압류로 이전하는 결정이 내려지자, 戊가 甲 회사를 상대로 주주권 확인 및 명의개서절차 이행을 구한 사안에서, 조정조항 중 '丙이 위 주식의 주주임을 확인한다'는 부분은 조정이 성립한 때 비로소 丙이 위 주식을 취득한다는 내용이 아니라 丙이 위 주식을 주식가압류결정 전인 양도약정 효력발생일에 취득하였음을 전제로 丙이 주주임을 확인한다는 내용이라고 해석함이 타당하다고 판단한 다음, 乙의 신청에 의한 주식가압류결정이 있을 당시 丙은 이미 위 주식을 보유하고 있어 주식가압류의 효력이 위 주식에 미치므로, 주식가압류결정 이후에 丙으로부터 위 주식을 취득한 戊는 가압류채권자인 乙에게 대항할 수 없고, 다만 이후에 가압류 및 본압류의 대상이 된 위 주식 중 일부 주식에 대한 현금화절차가 완료됨으로써 그 일부 주식을 제외한 나머지 주식에 대한 가압류 및 본압류는 효력이 소멸하므로, 나머지 주식에 관하여만 가압류에 의한 처분금지의 효력이 소멸하였다고 보아야 하는데도, 丙이 조정을 통해 비로소 위 주식을 취득하였다고 보아 조정 전에 내려진 주식가압류결정의 효력을 부인하고, 戊가 丙으로부터 주식가압류결정 등의 효력이 미치지 않는 위 주식을 적법하게 양수받았다는 이유로 위 주식 중 현금화절차가 완료된 일부 주식에 대하여도 명의개서절차 이행 청구를 인용한 원심판결에는 조정의 창설적 효력의 범위 등에 관한 법리오해의 잘못이 있다고 한 사례.

정답 ○

04 화해계약과 소취하합의가 이루어진 경우 전자는 화해 목적인 분쟁 이외의 사항에 대해 착오가 있는 경우 취소할 수 있으나 후자는 소송행위이므로 법률행위의 내용의 중요부분에 착오가 있더라도 취소할 수 없다.
예상

> 민법 제109조에 따라 법률행위의 내용의 중요 부분에 착오가 있는 경우, 소취하합의의 의사표시도 취소할 수 있는지 여부(적극) 및 '법률행위의 중요 부분의 착오'의 의미 / 착오를 이유로 의사표시를 취소하는 자가 증명하여야 할 사항(대판 2020.10.15. 2020다227523(본소), 2020다227530(반소))
>
> 소취하합의의 의사표시 역시 민법 제109조에 따라 법률행위의 내용의 중요 부분에 착오가 있는 때에는 취소할 수 있을 것이다. 의사표시의 동기에 착오가 있는 경우에는 당사자 사이에 그 동기를 의사표시의 내용으로 삼았을 때에 한하여 의사표시의 내용의 착오가 되어 취소할 수 있는 것이며, 법률행위의 중요 부분의 착오라 함은 표의자가 그러한 착오가 없었더라면 그 의사표시를 하지 않으리라고 생각될 정도로 중요한 것이어야 하고 보통 일반인도 표의자의 처지에 섰더라면 그러한 의사표시를 하지 않았으리라고 생각될 정도로 중요한 것이어야 한다. 이때 착오를 이유로 의사표시를 취소하는 자는 법률행위의 내용에 착오가 있었다는 사실과 함께 착오가 의사표시에 결정적인 영향을 미쳤다는 점, 즉 만일 착오가 없었더라면 의사표시를 하지 않았을 것이라는 점을 증명하여야 한다.

정답 ✗

05 1. 추심금소송에서 추심채권자가 제3채무자와 '피압류채권 중 일부 금액을 지급하고 나머지 청구를 포기한다.'는 내용의 재판상 화해를 한 경우 '나머지 청구 포기 부분'은 추심채권자가 적법하게 포기할 수 있는 자신의 '추심권'에 관한 것으로서 별도의 추심명령을 기초로 추심권을 행사하는 다른 채권자에게 효력이 미치지 않는다.
예상

2. 동일 채권에 대해 복수 채권자들이 압류·추심명령을 받은 경우 한 채권자가 제기한 추심금소송에서 확정된 판결의 기판력은 그 소송의 변론종결 이전에 압류·추심명령을 받은 다른 추심채권자에게 미치지 않는다.
22법전협-1

> [1] 추심금소송에서 추심채권자가 제3채무자와 '피압류채권 중 일부 금액을 지급하고 나머지 청구를 포기한다.'는 내용의 재판상 화해를 한 경우, '나머지 청구 포기 부분'은 추심채권자가 제3채무자에게 더 이상 추심권을 행사하지 않고 소송을 종료하겠다는 의미로 보아야 하는지 여부(적극) 및 위 재판상 화해의 효력이 별도의 추심명령을 기초로 추심권을 행사하는 다른 채권자에게 미치는지 여부(소극)
>
> 금전채권에 대해 압류·추심명령이 이루어지면 채권자는 민사집행법 제229조 제2항에 따라 대위절차 없이 압류채권을 직접 추심할 수 있는 권능을 취득한다. 추심채권자는 추심권을 포기할 수 있으나(민사집행법 제240조 제1항), 그 경우 집행채권이나 피압류채권에는 아무런 영향이 없다. 한편 추심채권자는 추심 목적을 넘는 행위, 예를 들어 피압류채권의 면제, 포기, 기한 유예, 채권양도 등의 행위는 할 수 없다.
>
> 추심금소송에서 추심채권자가 제3채무자와 '피압류채권 중 일부 금액을 지급하고 나머지 청구를 포기한다.'는 내용의 재판상 화해를 한 경우 '나머지 청구 포기 부분'은 추심채권자가 적법하게 포기할 수 있는 자신의 '추심권'에 관한 것으로서 제3채무자에게 더 이상 추심권을 행사하지 않고 소송을 종료하겠다는 의미로 보아야 한다. 이와 달리 추심채권자가 나머지 청구를 포기한다는 표현을 사용하였다고 하더라도 이를 애초에 자신에게 처분 권한이 없는 '피압류채권' 자체를 포기한 것으로 볼 수는 없다. 따라서 위와 같은 재판상 화해의 효력은 별도의 추심명령을 기초로 추심권을 행사하는 다른 채권자에게 미치지 않는다.

[2] 동일한 채권에 대해 복수의 채권자들이 압류·추심명령을 받은 경우, 어느 한 채권자가 제기한 추심금소송에서 확정된 판결의 기판력이 변론종결일 이전에 압류·추심명령을 받았던 다른 추심채권자에게 미치는지 여부(소극) / 이러한 법리는 추심채권자가 제3채무자를 상대로 제기한 추심금소송에서 화해권고결정이 확정된 경우에도 마찬가지로 적용되는지 여부(적극)(대판 2020.10.29. 2016다35390)

동일한 채권에 대해 복수의 채권자들이 압류·추심명령을 받은 경우 어느 한 채권자가 제기한 추심금소송에서 확정된 판결의 기판력은 그 소송의 변론종결일 이전에 압류·추심명령을 받았던 다른 추심채권자에게 미치지 않는다. 그 이유는 다음과 같다.

① 확정판결의 기판력이 미치는 주관적 범위는 신분관계소송이나 회사관계소송과 같이 법률에 특별한 규정이 있는 경우를 제외하고는 원칙적으로 당사자, 변론을 종결한 뒤의 승계인 또는 그를 위하여 청구의 목적물을 소지한 사람과 다른 사람을 위하여 원고나 피고가 된 사람이 확정판결을 받은 경우의 그 다른 사람에 국한되고(민사소송법 제218조 제1항, 제3항) 그 밖의 제3자에게는 미치지 않는다. 따라서 추심채권자들이 제기하는 <u>추심금소송의 소송물이 채무자의 제3채무자에 대한 피압류채권의 존부로서 서로 같더라도 소송당사자가 다른 이상 그 확정판결의 기판력이 서로에게 미친다고 할 수 없다.</u>

② 민사집행법 제249조 제3항, 제4항은 추심의 소에서 소를 제기당한 제3채무자는 집행력 있는 정본을 가진 채권자를 공동소송인으로 원고 쪽에 참가하도록 명할 것을 첫 변론기일까지 신청할 수 있고, 그러한 참가명령을 받은 채권자가 소송에 참가하지 않더라도 그 소에 대한 재판의 효력이 미친다고 정한다. 위 규정 역시 <u>참가명령을 받지 않은 채권자에게는 추심금소송의 확정판결의 효력이 미치지 않음을 전제로</u> 참가명령을 통해 판결의 효력이 미치는 범위를 확장할 수 있도록 한 것이다.

③ 제3채무자는 추심의 소에서 다른 압류채권자에게 위와 같이 참가명령신청을 하거나 패소한 부분에 대해 변제 또는 집행공탁을 함으로써, <u>다른 채권자가 계속 자신을 상대로 소를 제기하는 것을 피할 수 있다.</u> 따라서 어느 한 채권자가 제기한 추심금소송에서 확정된 판결의 효력이 다른 채권자에게 미치지 않는다고 해도 제3채무자에게 부당하지 않다.

확정된 화해권고결정에는 재판상 화해와 같은 효력이 있다(민사소송법 제231조). 위에서 본 추심금소송의 확정판결에 관한 법리는 추심채권자가 제3채무자를 상대로 제기한 추심금소송에서 화해권고결정이 확정된 경우에도 마찬가지로 적용된다. 따라서 어느 한 채권자가 제기한 추심금소송에서 화해권고결정이 확정되었더라도 화해권고결정의 기판력은 화해권고결정 확정일 전에 압류·추심명령을 받았던 다른 추심채권자에게 미치지 않는다.

정답 ○, ○

06

1. 화해권고결정 중 '원고는 소를 취하하고, 피고는 이에 동의한다'는 화해조항이 있고 그 화해권고결정이 확정된 경우에 당사자 사이에 소를 취하한다는 내용의 소송상 합의를 하였다고 볼 수 있다. _{예상}

2. 재소금지 원칙을 규정한 민사소송법 제267조 제2항의 취지에 반하지 않고 소제기를 필요로 하는 정당한 사정이 있는 등 취하된 소와 권리보호이익이 동일하지 않은 경우에는 다시 소를 제기할 수 있다. _{예상}

---

[1] 화해권고결정 중 '원고는 소를 취하하고, 피고는 이에 동의한다'는 화해조항의 효력(=소취하한다는 소송상 합의) / 이러한 화해권고결정이 항소심에서 이루어진 경우 재소금지 원칙이 적용되는지 여부(적극)

화해권고결정에 '원고는 소를 취하하고, 피고는 이에 동의한다'는 화해조항이 있고, 이러한 화해권고결정에 대하여 양 당사자가 이의하지 않아 확정되었다면, 그 화해권고결정의 확정으로 당사자 사이에 소를 취하한다는 내용의 소송상 합의를 하였다고 볼 수 있다. 따라서 본안에 대한 종국판결이 있은 뒤에 이러한 화해권고결정이 확정되어 소송이 종결된 경우에는 소취하한 경우와 마찬가지로 민사소송법 제267조 제2항의 규정에 따라 같은 소를 제기하지 못한다.

[2] 재소금지 원칙을 규정한 민사소송법 제267조 제2항의 취지 및 위 규정의 취지에 반하지 아니하고 소제기를 필요로 하는 정당한 사정이 있는 등 취하된 소와 권리보호이익이 동일하지 않은 경우에는 다시 소를 제기할 수 있는지 여부(적극)(대판 2021.7.29. 2018다230229)

민사소송법 제267조 제2항은 소취하로 인하여 그동안 판결에 들인 법원의 노력이 무용화되고 종국판결이 당사자에 의하여 농락당하는 것을 방지하기 위한 제재적 취지의 규정이므로, 본안에 대한 종국판결이 있은 뒤에 소를 취하한 사람이라 할지라도 이러한 규정의 취지에 반하지 아니하고 소제기를 필요로 하는 정당한 사정이 있는 등 취하된 소와 권리보호이익이 동일하지 않은 경우에는 다시 소를 제기할 수 있다.

⇨ 원고가 피고를 상대로 대여금의 지급을 구하는 이 사건 소를 제기하여 제1심에서 공시송달에 의한 승소 판결을 받은 후, 그 대여금채권을 양수한 원고승계참가인이 이 사건 후소를 제기하여 그 제1심에서 공시송달에 의한 승소 판결을 받았음. 이후 피고가 위 두 제1심판결에 대하여 각 추완항소를 제기하였는데, 원고승계참가인이 이 사건 후소의 항소심 법원이 한 '원고승계참가인은 이 사건 후소를 취하하고, 피고는 이에 동의한다'는 내용의 화해권고결정에 이의하지 않고, (화해권고결정이 확정되기 전)이 사건 소에 승계참가신청을 하였음

⇨ '원고는 소를 취하하고, 피고는 이에 동의한다'는 화해조항이 소취하 합의에 해당하고 항소심에서 이러한 화해권고결정이 확정되면 소취하와 마찬가지로 재소금지 원칙이 적용된다는 전제에서, 이 사건 소에서 원고승계참가인이 한 승계참가신청은 소제기에 해당하나 그 소제기의 시점이 이 사건 소 제기 시점으로 소급하여 효력이 있으므로 이 사건 후소가 중복소송에 해당하고, 이를 해소하기 위하여 이 사건 후소를 취하한다는 취지의 이 사건 화해권고결정에 이의하지 않고 이 사건 소에 승계참가한 것은 승계할 정당한 사정이 있는 등 이 사건 후소와 권리보호이익이 동일하지 않아 이 사건 승계참가신청이 재소금지 원칙에 위반되지 않는다고 판단하여, 상고기각한 사안임

정답 ○, ○

CHAPTER 3 종국판결에 의한 종료

01 민사소송법 제186조 제1항, 제2항의 보충송달 방식은 민사소송법 제217조 제1항 제2호에서 정한 '적법한 송달'에 포함된다.

전원합의체 | 예상

> 민사소송법 제186조 제1항, 제2항의 보충송달 방식이 민사소송법 제217조 제1항 제2호에서 정한 '적법한 송달'에 포함되는지 여부(적극)(대판 2021.12.23. 2017다257746 전원합의체)
> **다수의견** 민사소송법 제186조 제1항과 제2항에서 규정하는 보충송달도 교부송달과 마찬가지로 외국법원의 확정재판 등을 국내에서 승인·집행하기 위한 요건을 규정한 민사소송법 제217조 제1항 제2호의 '적법한 송달'에 해당한다고 해석하는 것이 타당하다.
> 보충송달은 민사소송법 제217조 제1항 제2호에서 외국법원의 확정재판 등을 승인·집행하기 위한 송달 요건에서 제외하고 있는 공시송달과 비슷한 송달에 의한 경우로 볼 수 없고, 외국재판 과정에서 보충송달 방식으로 송달이 이루어졌더라도 그 송달이 방어에 필요한 시간 여유를 두고 적법하게 이루어졌다면 위 규정에 따른 적법한 송달로 보아야 한다. 이와 달리 보충송달이 민사소송법 제217조 제1항 제2호에서 요구하는 통상의 송달방법에 의한 송달이 아니라고 본 대법원 1992. 7. 14. 선고 92다2585 판결, 대법원 2009. 1. 30. 선고 2008다65815 판결을 비롯하여 그와 같은 취지의 판결들은 이 판결의 견해에 배치되는 범위에서 이를 모두 변경하기로 한다.

정답 ○

02 우리나라 법제에 외국재판에서 적용된 법령과 동일한 내용을 규정하는 법령이 없다는 이유만으로 바로 그 외국재판의 승인을 거부할 것은 아니다.

예상

> 외국법원의 확정재판 등을 승인한 결과가 대한민국의 선량한 풍속이나 그 밖의 사회질서에 어긋나는지 판단하는 방법 / 민사소송법 제217조의2 제1항의 승인요건을 판단할 때 국내적인 사정뿐만 아니라 국제적 거래질서의 안정이나 예측가능성의 측면도 함께 고려하여야 하는지 여부(적극) 및 우리나라 법제에 외국재판에서 적용된 법령과 동일한 내용을 규정하는 법령이 없다는 이유만으로 외국재판의 승인을 거부할 수 있는지 여부(소극)(대판 2022.3.11. 2018다231550)
> 외국법원의 확정재판 등에 대한 집행판결을 허가하기 위해서는 이를 승인할 수 있는 요건을 갖추어야 한다. 민사소송법 제217조 제1항 제3호는 외국법원의 확정재판 등의 승인이 대한민국의 선량한 풍속이나 그 밖의 사회질서에 어긋나지 아니할 것을 외국재판 승인요건의 하나로 규정하고 있다. 여기서 그 확정재판 등을 승인한 결과가 대한민국의 선량한 풍속이나 그 밖의 사회질서에 어긋나는지 여부는 그 승인 여부를 판단하는 시점에서 그 확정재판 등의 승인이 우리나라의 국내법 질서가 보호하려는 기본적인 도덕적 신념과 사회질서에 미치는 영향을 그 확정재판 등이 다룬 사안과 우리나라와의 관련성의 정도에 비추어 판단하여야 한다.

민사소송법 제217조의2 제1항은 "법원은 손해배상에 관한 확정재판 등이 대한민국의 법률 또는 대한민국이 체결한 국제조약의 기본질서에 현저히 반하는 결과를 초래할 경우에는 해당 확정재판 등의 전부 또는 일부를 승인할 수 없다."라고 규정하고 있다. 이는 민사소송법 제217조 제1항 제3호와 관련하여 손해전보의 범위를 초과하는 손해배상을 명한 외국재판의 내용이 대한민국의 법률 또는 대한민국이 체결한 국제조약에서 인정되는 손해배상제도의 근본원칙이나 이념, 체계 등에 비추어 도저히 허용할 수 없는 정도에 이른 경우 그 외국재판의 승인을 적정 범위로 제한하기 위하여 마련된 규정이다.
또한 이러한 승인요건을 판단할 때에는 국내적인 사정뿐만 아니라 국제적 거래질서의 안정이나 예측가능성의 측면도 함께 고려하여야 하고, 우리나라 법제에 외국재판에서 적용된 법령과 동일한 내용을 규정하는 법령이 없다는 이유만으로 바로 그 외국재판의 승인을 거부할 것은 아니다.

정답 ○

03 당사자의 신청에 따라 판결의 경정을 하는 경우, 신청 당사자가 판결에 잘못된 계산이나 기재, 그 밖에 이와 비슷한 잘못이 있음이 분명하다는 점을 소명하여야 한다. 예상

당사자의 신청에 따라 판결의 경정을 하는 경우, 신청 당사자가 판결에 잘못된 계산이나 기재, 그 밖에 이와 비슷한 잘못이 있음이 분명하다는 점을 소명하여야 하는지 여부(적극)(대결 2018.11.21. 2018그636)
판결의 경정은 판결에 잘못된 계산이나 기재, 그 밖에 이와 비슷한 잘못이 있음이 분명한 때에 법원이 직권으로 또는 당사자의 신청에 따라 결정하는 것이다(민사소송법 제211조 제1항). 당사자의 신청에 따라 판결의 경정을 하는 경우에는 우선 신청 당사자가 판결에 위와 같은 잘못이 있음이 분명하다는 점을 소명하여야 한다.
⇨ 甲 등이 乙 등을 상대로 제기한 소유권이전등기청구의 소에서 확정판결의 원고들과 甲 등이 동일인임을 전제로 당사자표시 중 원고들 이름 옆에 주민등록번호가 누락되어 판결의 집행을 할 수 없다고 주장하면서 주민등록번호를 추가 기재하는 것으로 판결경정을 신청하였으나, 원심이 이를 기각한 사안에서, 甲 등이 특별항고를 하면서 본안의 소 제기 당시 원고들 주민등록번호를 전산 입력하는 방법으로 제출하였는데도 법원이 판결문에 주민등록번호의 기재를 누락하였다고 주장하나 본안 사건의 원고들이 소 제기 당시 주민등록번호를 전산 입력하는 방법으로 법원에 제출하였다고 인정할 자료가 없고, 특히 판결경정의 신청인과 확정판결의 원고가 동일인이라는 점에 관한 소명이 없으므로, 신청을 기각한 원심의 조치에 민사소송법에서 정한 특별항고이유에 해당하는 잘못이 없다고 한 사례.

정답 ○

04 종전 소송의 기판력에 저촉되어 환자의 병원에 대한 치료비 청구가 소송법상 허용되지 않는 경우, 의료사고를 유발한 병원이 환자를 상대로 진료비를 청구할 수 있다. 예상

의사가 선량한 관리자의 주의의무를 다하지 아니하여 환자의 신체기능이 회복불가능하게 손상되고 그 후 후유증세의 치유 또는 악화를 방지하는 정도의 치료만이 계속되어 온 경우, 병원 측이 환자에 대하여 수술비와 치료비의 지급을 청구할 수 있는지 여부(소극) 및 이러한 법리는 환자가 종전 소송에서 특정 시점 이후에 지출될 것으로 예상되는 향후치료비 청구를 누락한 결과, 환자가 이를 별도의 소송에서 청구하는 것이 종전 소송 확정판결의 기판력에 저촉되어 소송법상 허용되지 않는 경우에도 마찬가지로 적용되는지 여부(원칙적 적극)(대판 2018.4.26. 2017다288115)

의사가 선량한 관리자의 주의의무를 다하지 아니한 탓으로 오히려 환자의 신체기능이 회복불가능하게 손상되었고, 또 손상 이후에는 후유증세의 치유 또는 더 이상의 악화를 방지하는 정도의 치료만이 계속되어 온 것뿐이라면 의사의 치료행위는 진료채무의 본지에 따른 것이 되지 못하거나 손해전보의 일환으로 행하여진 것에 불과하여 병원 측으로서는 환자에 대하여 수술비와 치료비의 지급을 청구할 수 없다. 이러한 법리는 환자가 특정 시점 이후에 지출될 것으로 예상되는 향후치료비를 종전 소송에서 충분히 청구할 수 있었고 실제로 이를 청구하였더라면 적극적 손해의 일부로서 당연히 받아들여졌을 것임에도 환자가 종전 소송에서 해당 향후치료비 청구를 누락한 결과, 환자가 이를 별도의 소송에서 청구하는 것이 종전 소송 확정판결의 기판력에 저촉되어 소송법상 허용되지 않는 경우에도 환자가 종전 소송에서 해당 청구를 누락한 것이 청구권을 포기한 것이라고 평가할 수 있는 등의 특별한 사정이 없는 한 마찬가지로 적용된다.

정답 ×

05 甲이 승소의 확정판결에 기하여 강제집행을 하는 경우에, 甲이 그 판결의 내용이 실체의 법률관계에 반한다는 점을 알고 있었다는 사정만으로는 그 집행행위가 불법행위로 되지 않는다.

11법전협

확정판결에 따른 강제집행이 권리남용에 해당하기 위한 요건 및 이때 확정판결의 내용이 실체적 권리관계에 배치된다는 점에 관한 주장·증명책임의 소재(=권리남용을 주장하며 강제집행의 불허를 구하는 자)(대판 2017.9.21. 2017다232105)

판결이 확정되면 기판력에 의하여 대상이 된 청구권의 존재가 확정되고 그 내용에 따라 집행력이 발생한다. 확정판결에 의한 권리라 하더라도 신의에 좇아 성실히 행사되어야 하고 판결에 기한 집행이 권리남용이 되는 경우에는 허용되지 않으므로 집행채무자는 청구이의의 소에 의하여 집행의 배제를 구할 수 있다. 그러나 법적 안정성을 위하여 확정판결에 기판력을 인정한 취지 및 확정판결의 효력을 배제하려면 재심의 소에 의하여 취소를 구하는 것이 원칙적인 방법인 점 등에 비추어 볼 때, 확정판결에 따른 강제집행이 권리남용에 해당한다고 쉽게 인정하여서는 안 되고, 이를 인정하기 위해서는 확정판결의 내용이 실체적 권리관계에 배치되는 경우로서 그에 기한 집행이 현저히 부당하고 상대방으로 하여금 집행을 수인하도록 하는 것이 정의에 반함이 명백하여 사회생활상 용인할 수 없다고 인정되는 것과 같은 특별한 사정이 있어야 한다(대판 2001.11.13. 99다32899 참조). 그리고 이때 확정판결의 내용이 실체적 권리관계에 배치된다는 점은 확정판결에 기한 강제집행이 권리남용이라고 주장하며 집행 불허를 구하는 자가 주장·증명하여야 한다.

정답 ○

06 표준

1. 甲은 乙에 대하여 매매대금의 지급을 구하는 소를 제기하였다(이를 '제1소송'이라 함). 이 소송 도중에 乙은 甲에게 대여금의 반환을 구하는 별소를 제기하였다(이를 '제2소송'이라 함). 이후 제1소송의 기일에서 乙은 주위적으로 소멸시효가 완성되었다고 항변하면서, 예비적으로 제2소송의 대여금채권을 자동채권으로 하는 상계항변을 하였다. 제1소송에서 예비적 항변이 받아들여져 청구기각의 판결이 선고된 경우에 甲에게는 항소의 이익이 있지만 乙에게는 항소의 이익이 없다. **19변호사**

2. 반대채권이 부존재한다는 판결이유 중의 판단의 기판력은 특별한 사정이 없는 한 '법원이 반대채권의 존재를 인정하였더라면 상계에 관한 실질적 판단으로 나아가 수동채권의 상계적상일까지의 원리금과 대등액에서 소멸하는 것으로 판단할 수 있었던 반대채권의 원리금 액수'의 범위에서 발생한다. **19법전협-3**

3. 피고가 상계항변을 하면서 2개 이상의 반대채권을 주장하였는데 법원이 그중 어느 하나의 반대채권의 존재를 인정하여 소구채권의 일부와 대등액에서 상계하는 판단을 하고 나머지 반대채권들은 모두 부존재한다고 판단하여 그 부분 상계항변은 배척한 경우, 반대채권들이 부존재한다는 판단에 대하여 기판력이 발생하는 전체 범위는 위와 같이 상계를 마친 후의 소구채권의 잔액을 초과할 수 없다. **21변호사**

---

[1] 민사소송법 제216조 제2항에서 판결이유 중의 판단인데도 상계 주장에 관한 법원의 판단에 기판력을 인정한 취지

민사소송법 제216조는 제1항에서 확정판결은 주문에 포함된 것에 한하여 기판력을 가진다고 규정함으로써 판결이유 중의 판단에는 원칙적으로 기판력이 미치지 않는다고 하는 한편, 그 유일한 예외로서 제2항에서 상계를 주장한 청구가 성립되는지 아닌지의 판단은 상계하고자 대항한 액수에 한하여 기판력을 가진다고 규정하고 있다. 위와 같이 판결이유 중의 판단임에도 불구하고 상계 주장에 관한 법원의 판단에 기판력을 인정한 취지는, 만일 이에 대하여 기판력을 인정하지 않는다면, 원고의 청구권의 존부에 대한 분쟁이 나중에 다른 소송으로 제기되는 반대채권(또는 자동채권, 이하 '반대채권'이라고만 한다)의 존부에 대한 분쟁으로 변형됨으로써 상계 주장의 상대방은 상계를 주장한 자가 반대채권을 이중으로 행사하는 것에 의하여 불이익을 입을 수 있게 될 뿐만 아니라, 상계 주장에 대한 판단을 전제로 이루어진 원고의 청구권의 존부에 대한 전소의 판결이 결과적으로 무의미하게 될 우려가 있게 되므로, 이를 막기 위함이다.

[2] 상계 주장에 관한 법원의 판단에 기판력이 인정되려면 반대채권과 수동채권을 기판력의 관점에서 동일하게 취급하여야 할 필요성이 인정되어야 하는지 여부(적극)

상계 주장에 관한 판단에 기판력이 인정되는 경우는, 상계 주장의 대상이 된 수동채권이 소송물로서 심판되는 소구채권이거나 그와 실질적으로 동일하다고 보이는 경우(가령 원고가 상계를 주장하면서 청구이의의 소를 제기하는 경우 등)로서 상계를 주장한 반대채권(자동채권)과 그 수동채권을 기판력의 관점에서 동일하게 취급하여야 할 필요성이 인정되는 경우를 말한다.

[3] 소송상 상계항변은 상계에 관한 법원의 실질적 판단이 이루어지는 경우에야 비로소 실체법상 상계의 효과가 발생하는지 여부(적극) / '소구채권 자체를 부정하여 원고의 청구를 배척한 판결'과 '소구채권의 존재를 인정하면서도 상계항변을 받아들인 결과 원고의 청구를 기각한 판결'은 기판력의 범위가 서로 다른지 여부(적극) 및 후자의 경우 피고에게 상소의 이익이 있는지 여부(적극)

소송상 방어방법으로서의 상계항변은 통상 수동채권의 존재가 확정되는 것을 전제로 하여 행하여지는 일종의 예비적 항변으로서, 소송상 상계의 의사표시에 의해 확정적으로 그 효과가 발생하는 것이 아니라 당해 소송에서 수동채권의 존재 등 상계에 관한 법원의 실질적 판단이 이루어지는 경우에 비로소 실체법상 상계의 효과가 발생한다. 따라서 원고의 소구채권 자체가

인정되지 않는 경우 더 나아가 피고의 상계항변의 당부를 따져볼 필요도 없이 원고 청구가 배척될 것이므로, '원고의 소구채권 그 자체를 부정하여 원고의 청구를 기각한 판결'과 '소구채권의 존재를 인정하면서도 상계항변을 받아들인 결과 원고의 청구를 기각한 판결'은 민사소송법 제216조에 따라 기판력의 범위를 서로 달리하고, 후자의 판결에 대하여 피고는 상소의 이익이 있다.

[4] 법원이 수동채권의 전부 또는 일부의 존재를 인정하는 판단을 한 다음 상계항변에 대한 판단으로 나아가 반대채권의 존재를 인정하지 않고 상계항변을 배척하는 판단을 한 경우, 반대채권이 부존재한다는 판결이유 중의 판단에 관하여 기판력이 발생하는 범위 및 이러한 법리는 반대채권의 액수가 소구채권의 액수보다 더 큰 경우에도 마찬가지로 적용되는지 여부(적극)

확정된 판결의 이유 부분의 논리구조상 법원이 당해 소송의 소송물인 수동채권의 전부 또는 일부의 존재를 인정하는 판단을 한 다음 피고의 상계항변에 대한 판단으로 나아가 피고가 주장한 반대채권(또는 자동채권, 이하 '반대채권'이라고만 한다)의 존재를 인정하지 않고 상계항변을 배척하는 판단을 한 경우에, 그와 같이 반대채권이 부존재한다는 판결이유 중의 판단의 기판력은 특별한 사정이 없는 한 '법원이 반대채권의 존재를 인정하였더라면 상계에 관한 실질적 판단으로 나아가 수동채권의 상계적상일까지의 원리금과 대등액에서 소멸하는 것으로 판단할 수 있었던 반대채권의 원리금 액수'의 범위에서 발생한다고 보아야 한다. 그리고 이러한 법리는 피고가 상계항변으로 주장하는 반대채권의 액수가 소송물로서 심판되는 소구채권의 액수보다 더 큰 경우에도 마찬가지로 적용된다.

[5] 피고가 상계항변으로 2개 이상의 반대채권을 주장하였는데 법원이 그중 어느 하나의 반대채권의 존재를 인정하여 수동채권의 일부와 대등액에서 상계하는 판단을 하고 나머지 반대채권들은 모두 부존재한다고 판단하여 그 부분 상계항변을 배척한 경우, 나머지 반대채권들이 부존재한다는 판단에 관하여 기판력이 발생하는 전체 범위가 '상계를 마친 후의 수동채권의 잔액'을 초과할 수 있는지 여부(소극) 및 이러한 법리는 피고가 주장하는 2개 이상의 반대채권의 원리금 액수 합계가 법원이 인정하는 수동채권의 원리금 액수를 초과하는 경우에도 마찬가지로 적용되는지 여부(적극) / 이때 '상계를 마친 후의 수동채권의 잔액'은 수동채권 '원금'의 잔액만을 의미하는지 여부(원칙적 적극)

피고가 상계항변으로 2개 이상의 반대채권(또는 자동채권, 이하 '반대채권'이라고만 한다)을 주장하였는데 법원이 그중 어느 하나의 반대채권의 존재를 인정하여 수동채권의 일부와 대등액에서 상계하는 판단을 하고, 나머지 반대채권들은 모두 부존재한다고 판단하여 그 부분 상계항변은 배척한 경우에, 수동채권 중 위와 같이 상계로 소멸하는 것으로 판단된 부분은 피고가 주장하는 반대채권들 중 그 존재가 인정되지 않은 채권들에 관한 분쟁이나 그에 관한 법원의 판단과는 관련이 없어 기판력의 관점에서 동일하게 취급할 수 없으므로, 그와 같이 반대채권들이 부존재한다는 판단에 대하여 기판력이 발생하는 전체 범위는 위와 같이 상계를 마친 후의 수동채권의 잔액을 초과할 수 없다고 보아야 한다. 그리고 이러한 법리는 피고가 주장하는 2개 이상의 반대채권의 원리금 액수의 합계가 법원이 인정하는 수동채권의 원리금 액수를 초과하는 경우에도 마찬가지로 적용된다. 이때 '부존재한다고 판단된 반대채권'에 관하여 법원이 그 존재를 인정하여 수동채권 중 일부와 상계하는 것으로 판단하였을 경우를 가정하더라도, 그러한 상계에 의한 수동채권과 당해 반대채권의 차액 계산 또는 상계충당은 수동채권과 당해 반대채권의 상계적상의 시점을 기준으로 하였을 것이고, 그 이후에 발생하는 이자, 지연손해금 채권은 어차피 그 상계의 대상이 되지 않았을 것이므로, 위와 같은 가정적인 상계적상 시점이 '실제 법원이 상계항변을 받아들인 반대채권'에 관한 상계적상 시점보다 더 뒤라는 등의 특별한 사정이 없는 한, 앞에서 본 기판력의 범위의 상한이 되는 '상계를 마친 후의 수동채권의 잔액'은 수동채권의 '원금'의 잔액만을 의미한다고 보아야 한다.

[6] 민사소송에서 이미 확정된 관련 민사사건에서 인정된 사실이 유력한 증거가 되는지 여부(원칙적 적극) 및 당해 민사소송에 제출된 다른 증거 내용에 비추어 확정된 관련 민사판결의 사실인정을 그대로 채용하기 어려운 경우, 합리적인 이유를 설시하여 이를 배척할 수 있는지 여부(적극) / 이러한 법리는 관련 민사사건의 확정판결에서 '주의의무 위반'과 같은 불확정개념을 인정할 증거가 없거나 부족하다는 이유로 당사자의 주장을 받아들이지 않은 경우에도 마찬가지로 적용되는지 여부(적극)(대판 2018.8.30. 2016다46338, 46345)

민사재판에서 다른 민사사건 등의 판결에서 인정된 사실에 구속받는 것은 아니라 할지라도 이미 확정된 관련 민사사건에서 인정된 사실은 특별한 사정이 없는 한 유력한 증거가 되고, 특히 전후 두 개의 민사소송이 당사자가 같고 분쟁의 기초가 된 사실도 같으나 다만 소송물이 달라 기판력에 저촉되지 않는 결과 새로운 청구를 할 수 있는 경우에는 더욱 그러하다. 그러나 그러한 경우에도 당해 민사소송에서 제출된 다른 증거 내용에 비추어 확정된 관련 민사사건 판결의 사실인정을 그대로 채용하기 어려운 경우에는 합리적인 이유를 설시하여 이를 배척할 수 있다. 그리고 이와 같은 법리는 '주의의무위반'과 같은 불확정개념이 당사자가 주장하는 법률효과 발생에 관한 요건사실에 해당할 때, 관련 민사사건의 확정판결에서 이를 인정할 증거가 없거나 부족하다는 이유로 당사자의 주장을 받아들이지 않았음에도 이와 달리 후소 법원에서 위와 같은 요건사실을 인정하는 경우에도 마찬가지로 적용된다.

(주요쟁점) 상소이익의 판단기준에 관하여 형식적 불복설을 취하고 있는 판례의 기본 태도 하에서 소구채권의 존재를 인정하면서도 상계항변을 받아들인 결과 원고의 청구를 기각한 판결의 경우 기판력의 범위를 고려하여 피고에게 상소의 이익이 있음을 명확하게 밝힌 판결

정답 ×, ○, ○

07 물건을 점유하는 자를 상대로 하여 물건의 인도를 명하는 판결이 확정되더라도 그 판결의 효력은 이들 물건에 대한 인도청구권의 존부에만 미치고, 인도판결의 기판력이 이들 물건에 대한 불법점유를 원인으로 한 손해배상청구 소송에 미치지 않는다. 　　　　　　　　　　　　　　　예상

물건 점유자를 상대로 한 물건의 인도판결이 확정된 경우, 점유자가 그 판결의 효력으로 판결의 상대방에게 물건을 인도하여야 할 실체적 의무가 생기거나 정당한 점유권원이 소멸하여 그때부터 물건의 점유가 위법하게 되는지 여부(소극) 및 위 인도판결의 기판력이 물건에 대한 불법점유를 원인으로 하는 손해배상청구 소송에 미치는지 여부(소극)(대판 2019.10.17. 2014다46778)

물건 점유자를 상대로 한 물건의 인도판결이 확정되면 점유자는 인도판결 상대방에 대하여 소송에서 더 이상 물건에 대한 인도청구권의 존부를 다툴 수 없고 인도소송의 사실심 변론종결 시까지 주장할 수 있었던 정당한 점유권원을 내세워 물건의 인도를 거절할 수 없다. 그러나 의무 이행을 명하는 판결의 효력이 실체적 법률관계에 영향을 미치는 것은 아니므로, 점유자가 그 인도판결의 효력으로 판결 상대방에게 물건을 인도해야 할 실체적 의무가 생긴다거나 정당한 점유권원이 소멸하여 그때부터 그 물건에 대한 점유가 위법하게 되는 것은 아니다. 나아가 물건을 점유하는 자를 상대로 하여 물건의 인도를 명하는 판결이 확정되더라도 그 판결의 효력은 이들 물건에 대한 인도청구권의 존부에만 미치고, 인도판결의 기판력이 이들 물건에 대한 불법점유를 원인으로 한 손해배상청구 소송에 미치지 않는다.

정답 ○

08 국가를 상대로 농지분배처분을 원인으로 하는 소유권이전등기청구소송을 제기하였다가 선고되어 확정된 패소판결의 기판력은 국가가 행한 일련의 불법행위 때문에 분배농지에 관한 수분배권을 상실하였음을 이유로 한 손해배상청구소송에 미치지 않는다.　　　　　　　　　　예상

> [1] 확정판결의 기판력이 미치는 범위
> 　　확정판결의 기판력은 소송물로 주장된 법률관계의 존부에 관한 판단의 결론에만 미치고 그 전제가 되는 법률관계의 존부에까지 미치는 것이 아니다.
> [2] 갑 등 망인들이 국가를 상대로 농지분배처분을 원인으로 하는 소유권이전등기청구소송을 제기하였다가 패소판결이 선고되어 확정되었는데, 그 후 갑 등의 상속인들인 을 등이 국가가 행한 일련의 불법행위 때문에 분배농지에 관한 수분배권을 상실하였다며 국가를 상대로 손해배상을 구한 사안에서, 을 등이 제기한 손해배상청구소송에서 문제 되는 농지분배처분 무효 내지 갑 등의 분배토지에 관한 수분배권 존부에는 위 확정판결의 기판력이 미치지 않는다고 한 사례(대판 2021.4.8. 2020다219690)
> 　　갑 등 망인들이 국가를 상대로 농지분배처분을 원인으로 하는 소유권이전등기청구소송을 제기하였다가 패소판결이 선고되어 확정되었는데, 그 후 갑 등의 상속인들인 을 등이 국가가 행한 일련의 불법행위 때문에 분배농지에 관한 수분배권을 상실하였다며 국가를 상대로 손해배상을 구한 사안에서, 위 확정판결의 기판력이 미치는 법률관계는 갑 등의 국가에 대한 소유권이전등기청구권의 존부에 한정되고, 을 등이 제기한 손해배상청구소송에서 문제 되는 농지분배처분 무효 내지 갑 등의 분배토지에 관한 수분배권 존부는 그 전제가 되는 법률관계에 불과하여 위 확정판결의 기판력이 미치지 않는다고 한 사례.

정답 ○

09 부작위채무와 부대체적 작위채무에 관한 판결절차에서도 채무불이행에 대한 간접강제를 할 수 있다.　　　　　　　　　　예상

> 판결절차에서 부작위채무 또는 부대체적 작위채무의 이행을 명하면서 동시에 간접강제를 명할 수 있는지 여부(적극)(대판 2021.7.22. 2020다248124)
> [1] 부작위채무에 관하여 판결절차의 변론종결 당시에 보아 부작위채무를 명하는 집행권원이 성립하더라도 채무자가 이를 단기간 내에 위반할 개연성이 있고, 또한 판결절차에서 민사집행법 제261조에 의하여 명할 적정한 배상액을 산정할 수 있는 경우에는 판결절차에서도 채무불이행에 대한 간접강제를 할 수 있다.
> [2] 또한 부대체적 작위채무에 관하여서도 판결절차의 변론종결 당시에 보아 집행권원이 성립하더라도 채무자가 부대체적 작위채무를 임의로 이행할 가능성이 없음이 명백하고, 판결절차에서 채무자에게 간접강제결정의 당부에 관하여 충분히 변론할 기회가 부여되었으며, 민사집행법 제261조에 의하여 명할 적정한 배상액을 산정할 수 있는 경우에는 판결절차에서도 채무불이행에 대한 간접강제를 할 수 있다.

그 이유는 다음과 같다.
① 본안판결에서 동시에 민사집행법 제261조 제1항의 간접강제에 관한 판결을 할 수 있는지 여부에 관하여 이를 명시적으로 금지하는 법 규정은 없다. 입법자는 채권에 대한 강제이행의 원칙과 집행권원에 기초한 강제집행의 원칙을 규정하였을 뿐 판결절차에서는 어떠한 경우에도 간접강제를 명할 수 없도록 법률을 제정하였다고 볼 수 없다.
② 판결절차에서 간접강제를 명할 수 있도록 한 이유는 부작위채무와 부대체적 작위채무(이하 '부작위채무 등'이라 한다)를 이행하지 않는 경우에 집행의 실효성을 확보하고 집행공백을 막으려는 데 있다.
③ 판결절차에서 간접강제를 명하더라도 채무자에게 크게 불리하다고 볼 수 없다. 판결절차에서도 채권자인 원고가 간접강제를 청구해야만 법원이 간접강제를 명할 수 있으므로, 변론 과정에서 채무자인 피고가 간접강제에 관하여 충분히 의견을 진술할 수 있기 때문이다.
④ 판례가 제시하는 요건에 따라 판결절차에서 간접강제를 명하는 것은 분쟁의 종국적인 해결에도 이바지한다.

정답 ○

10 1. 부대체적 작위채무로서 장부 또는 서류의 열람·등사를 허용할 것을 명하는 집행권원에 대한 간접강제결정의 주문에서 채무자가 열람·등사 허용의무를 위반하는 경우 민사집행법 제261조 제1항의 배상금을 지급하도록 명한 경우에 그 배상금 지급의무는 그 발생 여부나 시기 및 범위가 불확정적이라고 봄이 타당하며 간접강제결정은 이를 집행하는 데 민사집행법 제30조 제2항의 조건이 붙어 있다고 보아야 한다. _{예상}

2. 가처분결정에서 특정 장부 또는 서류에 대한 열람·등사의 허용을 명한 경우에 그 가처분결정에 기초한 강제집행 단계에서 채무자가 해당 장부 또는 서류가 존재하지 않기 때문에 열람·등사 허용의무를 위반한 것이 아니라고 주장하려면 그 장부 또는 서류가 존재하지 않는다는 사실을 증명하여야 한다. _{예상}

장부 또는 서류의 열람·등사를 허용할 것을 명하는 집행권원에 대한 간접강제결정의 주문에서 채무자가 열람·등사 허용의무를 위반하는 경우 민사집행법 제261조 제1항의 배상금을 지급하도록 명하였다면 그 간접강제결정을 집행하는 데 민사집행법 제30조 제2항의 조건이 붙어 있는 것인지 여부(적극) / 가처분결정에서 특정 장부 또는 서류에 대한 열람·등사의 허용을 명한 경우, 그 가처분결정에 기초한 강제집행 단계에서 채무자가 해당 장부 또는 서류가 존재하지 않기 때문에 열람·등사 허용의무를 위반한 것이 아니라는 점에 대한 증명책임의 소재(=채무자)(대판 2021.6.24. 2016다268695)

[1] 민사집행법 제45조, 제30조 제2항, 제31조에 의하면, 집행문부여에 대한 이의의 소는 판결을 집행하는 데에 조건이 붙어 있어 그 조건이 성취되었음을 채권자가 증명하여야 하는 때에 이를 증명하는 서류를 제출하여 집행문을 내어 준 경우와 판결에 표시된 채권자의 승계인을 위하여 내어 주거나 판결에 표시된 채무자의 승계인에 대한 집행을 위하여 집행문을 내어 준 경우에, 채무자가 집행문부여에 관하여 증명된 사실에 의한 판결의 집행력을 다투거나 인정된 승계에 의한 판결의 집행력을 다투는 때에 제기할 수 있다.

[2] 채권자가 부대체적 작위채무에 대한 간접강제결정을 집행권원으로 하여 강제집행을 하기 위해서는 집행문을 받아야 한다.
부대체적 작위채무로서 장부 또는 서류의 열람·등사를 허용할 것을 명하는 집행권원에 대한 간접강제결정의 주문에서 채무자가 열람·등사 허용의무를 위반하는 경우 민사집행법 제261조 제1항의 배상금을 지급하도록 명하였다면, 그 문언상 채무자는 채권자가 특정 장부 또는 서류의 열람·등사를 요구할 경우에 한하여 이를 허용할 의무를 부담하는 것이지 채권자의 요구가 없어도 먼저 채권자에게 특정 장부 또는 서류를 제공할 의무를 부담하는 것은 아니다. 따라서 그러한 간접강제결정에서 명한 배상금 지급의무는 그 발생 여부나 시기 및 범위가 불확정적이라고 봄이 타당하므로, 그 간접강제결정은 이를 집행하는 데 민사집행법 제30조 제2항의 조건이 붙어 있다고 보아야 한다. 채권자가 그 조건이 성취되었음을 증명하기 위해서는 채무자에게 특정 장부 또는 서류의 열람·등사를 요구한 사실, 그 특정 장부 또는 서류가 본래의 집행권원에서 열람·등사의 허용을 명한 장부 또는 서류에 해당한다는 사실 등을 증명하여야 한다. 이 경우 집행문은 민사집행법 제32조 제1항에 따라 재판장의 명령에 의해 부여하되 강제집행을 할 수 있는 범위를 집행문에 기재하여야 한다.

[3] 가처분결정에서 특정 장부 또는 서류에 대한 열람·등사의 허용을 명하였다면 이는 그 해당 장부 또는 서류가 존재한다는 사실이 소명되었음을 전제로 한 판단이다. 따라서 그 가처분결정에 기초한 강제집행 단계에서 채무자가 해당 장부 또는 서류가 존재하지 않기 때문에 열람·등사 허용의무를 위반한 것이 아니라고 주장하려면 그 장부 또는 서류가 존재하지 않는다는 사실을 증명하여야 한다.

[4] 부대체적 작위의무에 관하여 의무이행 기간을 정하여 그 기간 동안 의무의 이행을 명하는 가처분결정이 있은 경우에 그 가처분결정에서 정한 의무이행 기간이 경과하면, 가처분의 효력이 소멸하여 그 가처분결정은 더 이상 집행권원으로서의 효력이 없다.

정답 ○, ○

11 민사집행법 제26조 및 제27조에서 정한 집행판결의 소송물은 외국판결을 근거로 우리나라에서 집행력의 부여를 구하는 청구권이므로 그 기판력은 외국판결을 국내에서 강제집행할 수 있다는 판단에 관하여만 발생한다.

예상

[1] 확정판결의 기판력이 미치는 범위 및 소송물이 동일하거나 선결문제 또는 모순관계에 의하여 기판력이 미치는 객관적 범위에 해당하지 않는 경우, 후소에 전소 판결의 기판력이 미치는지 여부(소극)

[2] 민사집행법 제26조 및 제27조에서 정한 집행판결의 소송물(=외국판결을 근거로 우리나라에서 집행력의 부여를 구하는 청구권)

[3] 갑이 을을 상대로 미국 법원에 제기한 이혼 및 재산분할청구의 소에서 갑과 을은 이혼하고 부부 공동 재산인 부동산은 갑의 소유로 한다는 내용의 판결이 선고되었고, 이에 갑이 위 외국판결에 대한 집행판결을 받아 부동산에 관하여 소유권이전등기를 마쳤는데, 그 후 미국 법원이 위 외국판결 중 이혼 부분의 효력은 유지한 채 재산분할 부분을 취소하는 판결을 하자 을 등이 갑을 상대로 위 부동산에 관한 소유권이전등기 말소를 구한 사안에서, 미국 법원에서 선고된 외국판결에 대한 확정된 집행판결의 기판력은 외국판결을 국내에서 강제집행할 수 있다는 판단에 관하여만 발생하므로, 위 외국판결 중 재산분할 부분이 취소되었음을 이유로 하여 위 부동산에 관한 소유권이전등기의 말소를 구하는 청구가 집행판결의 기판력에 저촉되지 않는다고 한 사례(대판 2020.7.23. 2017다224906).

정답 ○

12 승소판결이 확정된 후 소송촉진 등에 관한 특례법의 변경으로 소송촉진법에서 정한 지연손해금 이율이 다르게 되면, 변경된 소송촉진법상의 이율을 적용하여 선행판결과 다른 금액을 원고의 채권액으로 인정할 수 있다. 　　　　　　　　　　　　　　　　　　　　　　　　　　　　　　　　　　　**22변호사**

> [1] 시효중단 등 특별한 사정이 있어 당사자가 확정된 승소판결과 동일한 소송물에 기하여 신소를 제기하는 것이 허용되는 경우, 후소 법원이 그 확정된 권리를 주장할 수 있는 모든 요건이 구비되어 있는지에 관하여 다시 심리할 수 있는지 여부(소극) / 전소의 변론종결 후에 새로 발생한 변제, 상계, 면제 등과 같은 채권소멸사유가 후소의 심리대상이 되는지 여부(적극) 및 법률이나 판례의 변경이 전소 변론종결 후에 발생한 새로운 사유에 해당하는지 여부(소극)
> 확정판결의 기판력에 의하여 당사자는 확정판결과 동일한 소송물에 기하여 신소를 제기할 수 없는 것이 원칙이나, 시효중단 등 특별한 사정이 있는 경우에는 예외적으로 신소가 허용된다. 그러나 이러한 경우에도 신소의 판결이 전소의 승소확정판결의 내용에 저촉되어서는 안 되므로, 후소 법원으로서는 그 확정된 권리를 주장할 수 있는 모든 요건이 구비되어 있는지에 관하여 다시 심리할 수 없다. 다만 <u>전소의 변론종결 후에 새로 발생한 변제, 상계, 면제 등과 같은 채권소멸사유는 후소의 심리대상이 되어 채무자인 피고는 후소 절차에서 위와 같은 사유를 들어 항변할 수 있으나, 법률이나 판례의 변경은 전소 변론종결 후에 발생한 새로운 사유에 해당한다고 할 수 없다.</u>
> [2] 승소판결이 확정된 후 소송촉진 등에 관한 특례법의 변경으로 같은 법에서 정한 지연손해금 이율이 달라지는 경우, 선행 승소확정판결의 효력이 달라지는지 여부(소극) 및 확정된 선행판결과 달리 변경된 소송촉진 등에 관한 특례법상 이율을 적용하여 선행판결과 다른 금액을 원고의 채권액으로 인정할 수 있는지 여부(소극)(대판 2019.8.29. 2019다215272)
> <u>승소판결이 확정된 후 소송촉진 등에 관한 특례법(이하 '소송촉진법'이라고 한다)의 변경으로 소송촉진법에서 정한 지연손해금 이율이 달라졌다고 하더라도 그로 인하여 선행 승소확정판결의 효력이 달라지는 것은 아니고, 확정된 선행판결과 달리 변경된 소송촉진법상의 이율을 적용하여 선행판결과 다른 금액을 원고의 채권액으로 인정할 수 있는 것도 아니다.</u>

　　　정답 ✕

13 가등기말소청구소송의 사실심 변론종결 후에 토지 소유자로부터 근저당권을 취득한 제3자는 민사소송법 제218조 제1항에서 정한 확정판결의 기판력이 미치는 '변론을 종결한 뒤의 승계인'에 해당하므로, 토지 소유권에 기한 가등기말소청구소송에서 청구기각된 확정판결의 기판력은 위 소송의 변론종결 후 토지 소유자로부터 근저당권을 취득한 제3자가 근저당권에 기하여 같은 가등기에 대한 말소청구를 하는 경우에는 미친다. 　　　　　　　　　　　　　　　　　　　　**예상**

> 토지 소유권에 기한 가등기말소청구소송에서 청구기각된 확정판결의 기판력이 위 소송의 변론종결 후 토지 소유자로부터 근저당권을 취득한 제3자가 근저당권에 기하여 같은 가등기에 대한 말소청구를 하는 경우에 미치는지 여부(소극)(대판 2020.5.14. 2019다261381)
> 확정판결의 기판력은 확정판결의 주문에 포함된 법률적 판단과 동일한 사항이 소송상 문제가 되었을 때 당사자는 이에 저촉되는 주장을 할 수 없고 법원도 이에 저촉되는 판단을 할 수 없는 기속력을 의미하고, 확정판결의 내용대로 실체적 권리관계를 변경하는 실체법적 효력을 갖는 것은 아니다. 토지 소유권에 기한 물권적 청구권을 원인으로 하는 가등기말소청구소송의 소송물은 가등기말소청구권이므로 그 소송에서 청구기각된 확정판결의 기판력은 가등기말소청구권의 부존재 그 자체에만 미치고, 소송물이 되지 않은 토지 소유권의 존부에 관하여는 미치지 않는다.

나아가 위 청구기각된 확정판결로 인하여 토지 소유자가 갖는 토지 소유권의 내용이나 토지 소유권에 기초한 물권적 청구권의 실체적인 내용이 변경, 소멸되는 것은 아니다.
위 가등기말소청구소송의 사실심 변론종결 후에 토지 소유자로부터 근저당권을 취득한 제3자는 적법하게 취득한 근저당권의 일반적 효력으로서 물권적 청구권을 갖게 되고, 위 가등기말소청구소송의 소송물인 패소자의 가등기말소청구권을 승계하여 갖는 것이 아니며, 자신이 적법하게 취득한 근저당권에 기한 물권적 청구권을 원인으로 소송상 청구를 하는 것이므로, 위 제3자는 민사소송법 제218조 제1항에서 정한 확정판결의 기판력이 미치는 '변론을 종결한 뒤의 승계인'에 해당하지 않는다. 따라서 토지 소유권에 기한 가등기말소청구소송에서 청구기각된 확정판결의 기판력은 위 소송의 변론종결 후 토지 소유자로부터 근저당권을 취득한 제3자가 근저당권에 기하여 같은 가등기에 대한 말소청구를 하는 경우에는 미치지 않는다.

정답 ×

14 〔표준〕 사단법인의 소속지부에 대하여 금전지급을 명하는 판결이 확정된 경우, 이 확정판결에 기하여 위 법인의 재산에 강제집행을 할 수 없다. **19법전협-1**

지부·분회·지회 등 어떤 법인의 하부조직을 상대로 일정한 의무의 이행을 구하는 소를 제기하여 승소 확정판결을 받은 경우, 그 판결을 집행권원으로 하여 법인의 재산에 대해 강제집행을 할 수 있는지 여부(소극)(대판 2018.9.13. 2018다231031)
확정판결의 기판력은 변론을 종결한 뒤의 승계인(변론 없이 한 판결의 경우에는 판결을 선고한 뒤의 승계인) 또는 그를 위하여 청구의 목적물을 소지한 사람 등 법률에 따로 규정되어 있는 경우 외에는 특별한 사정이 없는 한 당해 판결에 표시된 당사자 사이에만 미치고(민사소송법 제218조 참조), 집행력의 범위도 원칙적으로 기판력의 범위에 준한다. 따라서 지부·분회·지회 등 어떤 법인의 하부조직을 상대로 일정한 의무의 이행을 구하는 소를 제기하여 승소 확정판결을 받은 경우 판결의 집행력이 해당 지부·분회·지회 등을 넘어서 소송의 당사자도 아닌 법인에까지 미친다고 볼 수는 없으므로 그 판결을 집행권원으로 하여 법인의 재산에 대해 강제집행을 할 수는 없고, 법인의 재산에 대한 강제집행을 위해서는 법인 자체에 대한 별도의 집행권원이 필요하다.

(주요쟁점) 기판력과 집행력은 원칙적으로 당사자 사이에만 미치므로 법인의 하부조직을 상대로 이행을 구하는 소를 제기하여 승소 확정판결을 받은 경우, 판결의 집행력이 법인에까지 미친다고 볼 수 없다는 판결

정답 ○

15 대금분할을 명한 공유물분할판결의 변론이 종결된 뒤 해당 공유자의 공유지분에 관하여 소유권이전청구권의 순위보전을 위한 가등기가 마쳐진 경우, 대금분할을 명한 공유물분할 확정판결의 효력은 민사소송법 제218조 제1항이 정한 변론종결 후의 승계인에 해당하는 가등기권자에게 미치므로, 특별한 사정이 없는 한 위 가등기상의 권리는 매수인이 매각대금을 완납함으로써 소멸한다. **예상**

> 대금분할을 명한 공유물분할 확정판결의 당사자인 공유자가 신청하여 진행된 공유물분할을 위한 경매절차에서 매수인이 매각대금을 완납한 경우, 위 판결의 변론이 종결된 뒤(또는 변론 없이 한 판결의 경우에는 판결을 선고한 뒤) 해당 공유자의 공유지분에 마쳐진 소유권이전청구권의 순위보전을 위한 가등기상 권리가 소멸하는지 여부(원칙적 적극)(대판 2021.3.11. 2020다253836)
>
> 대금분할을 명한 공유물분할 확정판결의 당사자인 공유자가 공유물분할을 위한 경매를 신청하여 진행된 경매절차에서 공유물 전부에 관하여 매수인에 대한 매각허가결정이 확정되고 매각대금이 완납된 경우, 매수인은 공유물 전부에 대한 소유권을 취득하게 되고, 이에 따라 각 공유지분을 가지고 있던 공유자들은 지분소유권을 상실하게 된다. 그리고 대금분할을 명한 공유물분할판결의 변론이 종결된 뒤(변론 없이 한 판결의 경우에는 판결을 선고한 뒤) 해당 공유자의 공유지분에 관하여 소유권이전청구권의 순위보전을 위한 가등기가 마쳐진 경우, 대금분할을 명한 공유물분할 확정판결의 효력은 민사소송법 제218조 제1항이 정한 변론종결 후의 승계인에 해당하는 가등기권자에게 미치므로, 특별한 사정이 없는 한 위 가등기상의 권리는 매수인이 매각대금을 완납함으로써 소멸한다.

정답 ○

16 당사자들 사이에 특별한 약정이 없는 한 담보제공을 명하는 법원은 담보제공의 방법을 위 규정의 범위 내에서 재량에 따라 선택할 수 있다. _{예상}

> [1] 적법한 담보제공신청 없이 피고가 본안에 관하여 변론하거나 변론준비기일에서 진술한 경우, 담보제공신청권을 상실하는지 여부(적극) 및 피고가 적법한 담보제공신청을 한 후 응소를 거부하지 않고 본안에 관하여 변론 등을 한 경우, 이미 이루어진 담보제공신청의 효력이 상실되거나 그 신청이 부적법하게 되는지 여부(소극)
>
> 민사소송법 제118조는 "담보를 제공할 사유가 있다는 것을 알고도 피고가 본안에 관하여 변론하거나 변론준비기일에서 진술한 경우에는 담보제공을 신청하지 못한다."라고 규정하고 있다. 같은 법 제119조는 "담보제공을 신청한 피고는 원고가 담보를 제공할 때까지 소송에 응하지 아니할 수 있다."라고 규정하고 있다. 그러므로 적법한 담보제공신청 없이 피고가 본안에 관하여 변론하거나 변론준비기일에서 진술한 경우 담보제공신청권을 상실한다. 반면 피고가 적법한 담보제공신청을 한 경우에는 그 후 응소를 거부하지 않고 본안에 관하여 변론 등을 하였더라도 이미 이루어진 담보제공신청의 효력이 상실되거나 그 신청이 부적법하게 되는 것은 아니다.
>
> [2] 담보제공을 명하는 법원이 담보제공의 방법을 민사소송법 제122조의 범위 내에서 재량에 따라 선택할 수 있는지 여부(원칙적 적극)(대결 2018.6.1. 2018마5162)
>
> 민사소송법 제122조는 "담보의 제공은 금전 또는 법원이 인정하는 유가증권을 공탁하거나, 대법원규칙이 정하는 바에 따라 지급을 보증하겠다는 위탁계약을 맺은 문서를 제출하는 방법으로 한다. 다만 당사자들 사이에 특별한 약정이 있으면 그에 따른다."라고 규정하고 있다. 따라서 당사자들 사이에 특별한 약정이 없는 한 담보제공을 명하는 법원은 담보제공의 방법을 위 규정의 범위 내에서 재량에 따라 선택할 수 있다.

정답 ○

17 피참가인이 일부 승소하였음에도, 주문에 '보조참가로 인한 부분'이 특정되지 않은 채 피참가인과 상대방 당사자 사이의 소송비용 부담 비율만 기재되어 있다면 이는 소송비용의 재판이 누락된 경우에 해당한다.

예상

> 피참가인이 전부 승소한 판결에서 소송비용의 부담에 관한 주문에 '보조참가로 인한 부분'을 특정하지 않은 채 패소한 당사자가 부담한다는 취지만 기재되어 있는 경우, 패소한 당사자가 보조참가로 인한 소송비용까지 부담하는 것으로 볼 수 있는지 여부(적극) / 피참가인이 일부 승소하였음에도, 주문에 '보조참가로 인한 부분'이 특정되지 않은 채 피참가인과 상대방 당사자 사이의 소송비용 부담 비율만 기재되어 있는 경우, 보조참가로 인하여 생긴 부분에 관한 소송비용의 재판이 누락된 것인지 여부(적극)(대결 2022.4.5. 2020마7530)
>
> 보조참가로 인하여 생긴 소송비용의 부담에 대하여도 민사소송법 제98조 내지 제102조에 따라 재판하여야 함이 원칙이고(민사소송법 제103조), <u>소송비용의 부담에 관한 주문에 '보조참가로 인한 부분'을 특정하지 않은 채 패소한 당사자가 부담한다는 취지만 기재되어 있더라도, 피참가인이 전부 승소한 경우에는 당연히 패소한 당사자가 보조참가로 인한 소송비용까지도 부담하는 것으로 볼 수 있다. 그러나 피참가인이 일부 승소하였음에도, 주문에 '보조참가로 인한 부분'이 특정되지 않은 채 피참가인과 상대방 당사자 사이의 소송비용 부담 비율만 기재되어 있다면, 여기에는 보조참가로 인하여 생긴 부분까지 당연히 포함되었다고 볼 수 없어 이에 관한 소송비용의 재판이 누락된 경우에 해당하므로, 당해 소송비용의 재판을 누락한 법원이 직권 또는 당사자의 신청에 따라 이에 대한 재판을 추가로 하여야 한다</u>(민사소송법 제212조 제2항).

정답 ○

CHAPTER 1 병합청구소송

CHAPTER 2 다수당사자소송

PART 04

병합소송

CHAPTER 1 병합청구소송

01 선택적 병합의 경우에는 여러 개의 청구가 하나의 소송절차에서 불가분적으로 결합되어 있기 때문에, 선택적 청구 중 하나만을 기각하고 다른 선택적 청구에 대하여 아무런 판단을 하지 않는 것은 위법하다. 선택적으로 병합된 수개의 청구를 모두 기각한 항소심판결에 대하여 원고가 상고한 경우에 상고심법원이 선택적 청구 중 어느 하나의 청구에 관한 상고가 이유 있다고 인정할 때에는 원심판결을 전부 파기하여야 한다. **예상**

> [1] 처분문서에 나타난 당사자 의사의 해석 방법 / 발주자가 하도급대금을 직접 하수급인에게 지급하기로 발주자, 수급인, 하수급인 사이에 합의하는 경우에도 같은 법리가 적용되는지 여부(적극) 및 이때 직접 지급합의 후 수급인과 하수급인의 별개 계약에 따라 추가적인 공사대금이 발생한 경우, 그 부분에 대해서도 직접 지급합의의 효력이 미치는지는 신중하게 판단하여야 하는지 여부(적극)
>
> 당사자 사이에 계약의 해석을 둘러싸고 다툼이 있어 처분문서에 나타난 당사자의 의사해석이 문제 되는 경우에는 문언의 내용, 약정이 이루어진 동기와 경위, 약정으로 달성하려는 목적, 당사자의 진정한 의사 등을 종합적으로 고찰하여 논리와 경험칙에 따라 합리적으로 해석하여야 한다. 발주자가 하도급대금을 직접 하수급인에게 지급하기로 발주자, 수급인, 하수급인 사이에 합의하는 경우에도 같은 법리가 적용된다. 이때 발주자, 수급인, 하수급인 사이의 직접 지급합의 후에 수급인과 하수급인의 별개 계약에 따라 추가적인 공사대금이 발생한 경우 그 부분에 대해서도 직접 지급합의의 효력이 미치는지는 신중하게 판단하여야 한다.
>
> [2] 청구의 선택적 병합에서 선택적 청구 중 하나만을 기각하고 다른 선택적 청구에 대하여 아무런 판단을 하지 아니한 것이 위법한지 여부(적극)
>
> 청구의 선택적 병합은, 양립할 수 있는 여러 개의 청구권에 기초해서 같은 내용의 이행을 구하거나 양립할 수 있는 여러 개의 형성권에 기하여 같은 형성적 효과를 구하는 경우에, 어느 한 청구가 인용될 것을 해제조건으로 여러 개의 청구에 관한 심판을 구하는 병합 형태이다. 이와 같은 선택적 병합의 경우에는 여러 개의 청구가 하나의 소송절차에서 불가분적으로 결합되어 있기 때문에, 선택적 청구 중 하나만을 기각하고 다른 선택적 청구에 대하여 아무런 판단을 하지 않는 것은 위법하다.
>
> [3] 수급인이 하도급대금을 2회 이상 지체함으로써 하수급인이 발주자에게 하도급대금의 직접 지급을 요청한 경우, 발주자, 수급인, 하수급인 사이에 직접 지급에 관한 합의가 있어야 하는지 여부(소극) 및 이때 하수급인의 직접 청구권이 인정되는 범위(=발주자가 수급인에게 도급을 준 부분 중에서 하수급인이 시공한 부분)
>
> 수급인은 도급받은 건설공사에 대한 준공금 또는 기성금을 받으면 그 준공금 또는 기성금을 받은 날부터 15일 이내에 하수급인에게 하도급대금을 지급해야 한다(건설산업기본법 제34조 제1항). 수급인이 위와 같은 하도급대금 지급을 2회 이상 지체하여 하수급인이 발주자에게 하도급대금의 직접 지급을 요청한 경우 발주자는 하수급인이 시공한 부분에 해당하는 하도급대금을 하수급인에게 직접 지급해야 한다(건설산업기본법 제35조 제2항 제3호, 하도급거래 공정화에 관한 법률 제14조 제1항 제3호도 거의 같은 내용으로 정하고 있다).

이와 같이 수급인이 하도급대금을 2회 이상 지체함으로써 하수급인이 발주자에게 하도급대금의 직접 지급을 요청한 경우에는 발주자, 수급인, 하수급인 사이에 직접 지급에 관한 합의가 있을 것을 필요로 하지 않는다. 이에 따른 하수급인의 직접 청구권은 수급인이 하수급인에게 하도급을 준 범위와 구체적 내용을 발주자가 알았는지 여부와 관계없이 인정되는 것이므로, 발주자가 수급인에게 도급을 준 부분 중에서 하수급인이 시공한 부분에 해당하면 된다.

[4] 발주자가 하도급거래 공정화에 관한 법률 제14조 제1항 제3호 또는 건설산업기본법 제35조 제2항 제3호에 따라 하수급인으로부터 하도급대금의 직접 지급을 요청받을 당시 수급인에 대한 대금지급채무가 이미 변제로 소멸한 경우, 발주자의 하수급인에 대한 직접지급의무가 발생하는지 여부(소극)

하도급거래 공정화에 관한 법률(이하 '하도급법'이라 한다) 제14조 제4항은 "제1항에 따라 발주자가 해당 수급사업자에게 하도급대금을 직접 지급할 때에 발주자가 원사업자에게 이미 지급한 하도급금액은 빼고 지급한다."라고 정하고, 하도급거래 공정화에 관한 법률 시행령(이하 '하도급법 시행령'이라 한다) 제9조 제3항은 "발주자는 원사업자에 대한 대금지급의무의 범위에서 하도급대금 직접지급의무를 부담한다."라고 정하고 있다. 건설산업기본법 제35조 제7항, 건설산업기본법 시행규칙 제29조 제3항에 따르면, 발주자가 건설산업기본법 제35조 제2항 제3호에 따라 하수급인에게 공사대금을 직접 지급하는 경우에도 하도급법 시행령 제9조 제3항이 준용되므로, 특별한 사정이 없는 한 발주자로서는 수급인에 대한 대금지급의무를 한도로 하여 직접지급의무를 부담한다고 보아야 한다. 따라서 발주자가 하도급법 제14조 제1항 제3호 또는 건설산업기본법 제35조 제2항 제3호에 따라 하수급인으로부터 하도급대금의 직접 지급을 요청받을 당시 수급인에 대한 대금지급채무가 이미 변제로 소멸한 경우 발주자의 하수급인에 대한 직접지급의무는 발생하지 않는다.

[5] <u>선택적으로 병합된 수개의 청구를 모두 기각한 항소심판결에 대하여 원고가 상고한 경우, 상고심법원이 어느 하나의 청구에 관한 상고가 이유 있다고 인정할 때 파기하여야 하는 범위(=원심판결 전부)</u>(대판 2018.6.15. 2016다229478)
<u>선택적으로 병합된 수개의 청구를 모두 기각한 항소심판결에 대하여 원고가 상고한 경우에 상고심법원이 선택적 청구 중 어느 하나의 청구에 관한 상고가 이유 있다고 인정할 때에는 원심판결을 전부 파기하여야 한다.</u>

정답 ○

02 [표준]

甲 주식회사는 법령에 위반한 이사 乙의 행위로 甲 회사가 손해를 입었음을 이유로 乙을 상대로 손해배상청구의 소를 제기하였다. 甲 회사의 항소에 의한 항소심 소송계속 중 甲 회사와 乙 사이에 항소취하의 합의가 있었음에도 甲 회사가 항소취하서를 제출하지 아니한 경우, 乙은 이를 항변으로 주장할 수 있다. **20변호사**

[1] 당사자 사이에 항소취하의 합의가 있는데도 항소취하서가 제출되지 않는 경우, 상대방이 이를 항변으로 주장할 수 있는지 여부(적극) 및 이때 법원이 취하여야 할 조치 / 항소심에서 청구의 교환적 변경을 할 수 있는지 여부(적극) / 항소심에서 청구의 교환적 변경 신청이 있었으나, 그 시점에 항소취하서가 법원에 제출되지 않은 경우, 법원이 취하여야 할 조치 / 항소심에서 청구의 교환적 변경이 적법하게 이루어진 경우, 항소심의 심판대상 및 이때 항소심이 제1심판결이 있음을 전제로 항소각하 판결을 할 수 있는지 여부(소극)

당사자 사이에 항소취하의 합의가 있는데도 항소취하서가 제출되지 않는 경우 상대방은 이를 항변으로 주장할 수 있고, 이 경우 항소심법원은 항소의 이익이 없다고 보아 그 항소를 각하함이 원칙이다. 청구의 교환적 변경은 기존 청구의 소송계속을 소멸시키고 새로운 청구에 대하여 법원의 판단을 받고자 하는 소송법상 행위이다. 항소심의 소송절차에는 특별한 규정이 없으면 제1심의 소송절차에 관한 규정이 준용되므로(민사소송법 제408조), 항소심에서도 청구의 교환적 변경을 할 수 있다. 청구의 변경 신청이나 항소취하는 법원에 대한 소송행위로서, 청구취지의 변경은 서면으로 신청하여야 하고(민사소송법 제262조 제2항), 항소취하는 서면으로 하는 것이 원칙이나 변론 또는 변론준비기일에서 말로 할 수도 있다(민사소송법 제393조 제2항, 제266조 제3항). 항소심에서 청구의 교환적 변경 신청이 있는 경우 그 시점에 항소취하서가 법원에 제출되지 않은 이상 법원은 특별한 사정이 없는 한 민사소송법 제262조에서 정한 청구변경의 요건을 갖추었는지에 따라 허가 여부를 결정하면 된다.

<u>항소심에서 청구의 교환적 변경이 적법하게 이루어지면, 청구의 교환적 변경에 따라 항소심의 심판대상이었던 제1심판결이 실효되고 항소심의 심판대상은 새로운 청구로 바뀐다. 이러한 경우 항소심은 제1심판결이 있음을 전제로 한 항소각하 판결을 할 수 없고, 사실상 제1심으로서 새로운 청구의 당부를 판단하여야 한다.</u>

[2] 분쟁의 대상인 법률관계 자체에 관한 착오를 이유로 화해계약을 취소할 수 있는지 여부(소극)(대판 2018.5.30. 2017다21411)

화해계약이 성립하면 특별한 사정이 없는 한 그 창설적 효력에 따라 종전의 법률관계를 바탕으로 한 권리의무관계는 소멸하고, 계약 당사자 사이에 종전의 법률관계가 어떠하였는지를 묻지 않고 화해계약에 따라 새로운 법률관계가 생긴다. 따라서 화해계약의 의사표시에 착오가 있더라도 이것이 당사자의 자격이나 화해계약의 대상인 분쟁 이외의 사항에 관한 것이 아니고 분쟁의 대상인 법률관계 자체에 관한 것일 때에는 이를 취소할 수 없다.

주요쟁점 소송상 합의의 성질에 관하여 사법계약설, 소송계약설 등이 있으나 판례는 항변권발생설에 따라 부제소합의와 달리 상소취하 합의가 항변사항임을 밝힌 판결

정답 ○

03

배당기일에 이의한 채권자나 채무자는 배당기일부터 1주일 이내에 배당이의의 소를 제기해야 하는데, 소송 도중에 배당이의의 소로 청구취지를 변경한 경우 제소기간을 준수하였는지는 청구변경 전 소제기시를 기준으로 판단한다.

예상

[1] 배당요구의 종기까지 적법한 배당요구를 하지 않은 채 배당기일에 출석하여 배당표에 대한 이의를 신청한 채권자에게 배당이의의 소를 제기할 원고적격이 있는지 여부(소극)

집행력 있는 정본을 가진 채권자, 경매개시결정이 등기된 뒤에 가압류를 한 채권자, 민법·상법, 그 밖의 법률에 따라 우선변제청구권이 있는 채권자는 배당요구의 종기까지 배당요구를 한 경우에 한하여 비로소 배당을 받을 수 있다(민사집행법 제88조 제1항, 제148조 제2호). 배당이의의 소에서 원고적격이 있는 사람은 배당기일에 출석하여 배당표에 대한 실체상 이의를 신청한 채권자나 채무자에 한정된다. 채권자로서 배당기일에 출석하여 배당표에 대한 실체상 이의를 신청하려면 실체법상 집행채무자에 대한 채권자라는 것만으로 부족하고 배당요구의 종기까지 적법하게 배당요구를 했어야 한다. 적법하게 배당요구를 하지 않은 채권자는 배당기일에 출석하여 배당표에 대한 실체상 이의를 신청할 권한이 없으므로 배당기일에 출석하여 배당표에 대한 이의를 신청하였더라도 부적법한 이의신청에 불과하고, 배당이의의 소를 제기할 원고적격이 없다.

[2] 배당이의의 소의 제소기간(=배당기일부터 1주일 이내) 및 소송 도중에 배당이의의 소로 청구취지를 변경한 경우, 제소기간을 준수하였는지를 판단하는 기준 시점(=청구취지 변경신청서를 법원에 제출한 때)(대판 2020.10.15. 2017다216523)

민사집행법 제154조 제1항, 제3항, 민사소송법 제262조 제1항 본문, 제2항, 제265조의 규정을 종합하면, 배당기일에 이의한 채권자나 채무자는 배당기일부터 1주일 이내에 배당이의의 소를 제기해야 하는데, 소송 도중에 배당이의의 소로 청구취지를 변경한 경우 제소기간을 준수하였는지는 청구취지 변경신청서를 법원에 제출한 때를 기준으로 판단해야 한다.

정답 ✕

04 원고가 손해배상에 관한 청구를 교환적으로 변경하면서 채무불이행을 원인으로 한 청구를 주위적으로, 불법행위를 원인으로 한 청구를 예비적으로 구한 경우 법원은 주위적 청구를 인용하였다면 예비적 청구를 기각하여야 한다. **19법전합-3**

병합의 형태가 선택적 병합인지 예비적 병합인지는 판단하는 기준(= 병합청구의 성질)(대판 2018.2.28. 2013다26425)

병합의 형태가 선택적 병합인지 예비적 병합인지 여부는 당사자의 의사가 아닌 병합청구의 성질을 기준으로 판단하여야 한다. 원심판결 이유 및 기록에 의하면, 원고는 원심에서 손해배상에 관한 청구를 교환적으로 변경하면서 채무불이행을 원인으로 한 청구를 주위적으로, 불법행위를 원인으로 한 청구를 예비적으로 각각 구하였고, 원심도 원고가 붙인 심판의 순위에 따라 판단하였다. 그러나 위 두 청구는 그 청구 모두가 동일한 목적을 달성하기 위한 것으로서 어느 하나의 채권이 변제로 소멸한다면 나머지 채권도 그 목적 달성을 이유로 동시에 소멸하는 관계에 있으므로 선택적 병합 관계에 있음을 지적하여 둔다.

정답 ✕

05 주위적으로 재산상 손해배상을 청구하면서 그 손해가 인정되지 않을 경우에 예비적으로 같은 액수의 정신적 손해배상을 청구하는 것은 부진정 예비적 병합 청구의 소이므로 당사자가 붙인 순위에 따라서 심리해야 하지만 실질은 단순병합이므로 주위적 청구를 배척하면서 예비적 청구에 대하여 판단하지 않은 판결을 하고 이에 대한 상소가 제기되면 재판의 누락에 해당하여 누락된 예비적 청구는 원심에 계속 중이라고 보아야 한다. **22법전합-1**

1. 주위적으로 재산상 손해배상을 청구하면서 그 손해가 인정되지 않을 경우에 예비적으로 같은 액수의 정신적 손해배상을 청구하는 형태의 부진정 예비적 병합 청구의 소가 허용되는지 여부(적극)

청구의 예비적 병합은 논리적으로 양립할 수 없는 수개의 청구에 관하여 주위적 청구의 인용을 해제조건으로 예비적 청구에 대하여 심판을 구하는 형태의 병합이다. 그러나 논리적으로 양립할 수 있는 수개의 청구라고 하더라도, 주위적으로 재산상 손해배상을 청구하면서 그 손해가 인정되지 않을 경우에 예비적으로 같은 액수의 정신적 손해배상을 청구하는 것과 같이 수개의 청구 사이에 논리적 관계가 밀접하고, 심판의 순위를 붙여 청구를 할 합리적 필요성이 있다고 인정되는 경우에는, 당사자가 붙인 순위에 따라서 당사자가 먼저 구하는 청구를 심리하여 이유가 없으면 다음 청구를 심리하는 이른바 부진정 예비적 병합 청구의 소도 허용된다(대판 2002.2.8. 2001다17633 등 참조).

2. 부진정 예비적 병합 청구에서 주위적 청구를 배척하면서 예비적 청구에 대하여 판단하지 않은 경우 상소가 제기되면 판단이 누락된 예비적 청구 부분도 상소심으로 이심이 되는지 여부(적극)(대판 2021.5.7. 2020다292411)

    예비적 병합의 경우에는 수개의 청구가 하나의 소송절차에 불가분적으로 결합되어 있기 때문에 주위적 청구를 먼저 판단하지 않고 예비적 청구만을 인용하거나 주위적 청구만을 배척하고 예비적 청구에 대하여 판단하지 않는 등의 일부판결은 예비적 병합의 성질에 반하는 것으로서 법률상 허용되지 않는다. 그런데도 주위적 청구를 배척하면서 예비적 청구에 대하여 판단하지 않은 판결을 한 경우에는 그 판결에 대한 상소가 제기되면 판단이 누락된 예비적 청구 부분도 상소심으로 이심이 되고 그 부분이 재판의 누락에 해당하여 원심에 계속 중이라고 볼 것은 아니다(대판 2000.11.16. 98다22253 전원합의체 참조). 이러한 법리는 부진정 예비적 병합의 경우에도 달리 볼 이유가 없다.

⇨ 원고가 제1심에서 재산상 손해배상 청구만을 하다가 청구가 기각되자, 항소심에서 재산상 손해배상이 인정되지 않을 경우 예비적으로 동액의 정신적 손해배상을 구한다고 청구를 추가하였는데, 항소심에서 주문 항소기각을 하고 예비적 청구에 대하여 이유에서 배척만 하고 주문 청구기각을 하지 않은 채 상고가 된 사건에서, 위와 같은 형태의 부진정 예비적 병합 청구도 인정되고, 이 경우 상소가 제기되면 누락된 예비적 청구도 상소심으로 이심된다고 본 사례

정답 ✕

CHAPTER 2 다수당사자소송

01 법원이 반소 청구가 이유 있다고 판단하여, 사해행위의 취소 및 원상회복을 명하는 판결을 선고하는 경우, 비록 반소 청구에 대한 판결이 확정되지 않았다고 하더라도, 원고의 소유권 취득의 원인이 된 법률행위가 취소되었음을 전제로 원고의 본소 청구를 심리하여 판단할 수 있다고 봄이 타당하다. 그때에는 반소 사해행위취소 판결의 확정을 기다리지 않고, 반소 사해행위취소 판결을 이유로 원고의 본소 청구를 기각할 수 있다. _{예상}

> 원고의 본소 청구에 대하여 피고가 본소 청구를 다투면서 사해행위의 취소 및 원상회복을 구하는 반소를 적법하게 제기하였는데, 법원이 반소 청구가 이유 있다고 판단하여 사해행위의 취소 및 원상회복을 명하는 판결을 선고하는 경우, 반소 청구에 대한 판결이 확정되지 않았더라도 사해행위인 법률행위가 취소되었음을 전제로 원고의 본소 청구를 심리하여 판단할 수 있는지 여부(적극) 및 이때 반소 사해행위취소 판결을 이유로 원고의 본소 청구를 기각할 수 있는지 여부(적극)(대판 2019.3.14. 2018다277785, 277792)
> 사해행위취소소송은 형성의 소로서 그 판결이 확정됨으로써 비로소 권리변동의 효력이 발생하나, 민법 제406조 제1항은 채권자가 사해행위의 취소와 원상회복을 법원에 청구할 수 있다고 규정함으로써 사해행위취소청구에는 그 취소판결이 미확정인 상태에서도 그 취소의 효력을 전제로 하는 원상회복청구를 병합하여 제기할 수 있도록 허용하고 있다. 또한 원고가 매매계약 등 법률행위에 기하여 소유권을 취득하였음을 전제로 피고를 상대로 일정한 청구를 할 때, 피고는 원고의 소유권 취득의 원인이 된 법률행위가 사해행위로서 취소되어야 한다고 다투면서, 동시에 반소로써 그 소유권 취득의 원인이 된 법률행위가 사해행위임을 이유로 법률행위의 취소와 원상회복으로 원고의 소유권이전등기의 말소절차 등의 이행을 구하는 것도 가능하다. 위와 같이 원고의 본소 청구에 대하여 피고가 본소 청구를 다투면서 사해행위의 취소 및 원상회복을 구하는 반소를 적법하게 제기한 경우, 사해행위의 취소 여부는 반소의 청구원인임과 동시에 본소 청구에 대한 방어방법이자, 본소 청구 인용 여부의 선결문제가 될 수 있다. 그 경우 법원이 반소 청구가 이유 있다고 판단하여, 사해행위의 취소 및 원상회복을 명하는 판결을 선고하는 경우, 비록 반소 청구에 대한 판결이 확정되지 않았다고 하더라도, 원고의 소유권 취득의 원인이 된 법률행위가 취소되었음을 전제로 원고의 본소 청구를 심리하여 판단할 수 있다고 봄이 타당하다. 그때에는 반소 사해행위취소 판결의 확정을 기다리지 않고, 반소 사해행위취소 판결을 이유로 원고의 본소 청구를 기각할 수 있다. 본소와 반소가 같은 소송절차 내에서 함께 심리, 판단되는 이상, 반소 사해행위취소 판결의 확정 여부가 본소 청구 판단 시 불확실한 상황이라고 보기 어렵고, 그로 인해 원고에게 소송상 지나친 부담을 지운다거나, 원고의 소송상 지위가 불안정해진다고 볼 수도 없다. 오히려 이로써 반소 사해행위취소소송의 심리를 무위로 만들지 않고, 소송경제를 도모하며, 본소 청구에 대한 판결과 반소 청구에 대한 판결의 모순 저촉을 피할 수 있다.

정답 ○

02 주관적·예비적 공동소송에서 일부 공동소송인에 관하여만 판결을 하거나 남겨진 자를 위하여 추가판결을 하는 것은 허용되지 않는다.
_{표준} 예상

> 주관적·예비적 공동소송에서 일부 공동소송인에 관하여만 판결을 하거나 남겨진 자를 위하여 추가판결을 하는 것이 허용되는지 여부(소극) 및 주위적 공동소송인과 예비적 공동소송인 중 어느 한 사람이 상소를 제기한 경우, 상소심의 심판대상(대판 2018.12.27. 2016다202763)
>
> 주관적·예비적 공동소송은 동일한 법률관계에 관하여 모든 공동소송인이 서로 간의 다툼을 하나의 소송절차로 한꺼번에 모순 없이 해결하는 소송형태로서 모든 공동소송인에 관한 청구에 대하여 판결을 하여야 하고(민사소송법 제70조 참조), 그중 일부 공동소송인에 관하여만 판결을 하거나, 남겨진 자를 위하여 추가판결을 하는 것은 허용되지 않는다. 그리고 주관적·예비적 공동소송에서 주위적 공동소송인과 예비적 공동소송인 중 어느 한 사람이 상소를 제기하면 다른 공동소송인에 관한 청구 부분도 확정이 차단되고 상소심에 이심되어 심판대상이 되고, 이러한 경우 상소심의 심판대상은 주위적·예비적 공동소송인들 및 그 상대방 당사자 사이의 결론의 합일확정의 필요성을 고려하여 그 심판의 범위를 판단하여야 한다.
>
> (주요쟁점) 예비적 공동소송의 판결과 상소에 관해서는 필수적 공동소송에 관한 것과 같은 법리가 적용됨을 밝힌 판결

정답 ○

03 1. 주관적·예비적 공동소송에서 화해권고결정에 대하여 일부 공동소송인이 이의하지 않았다면, 원칙적으로 그 공동소송인에 대한 관계에서는 위 결정이 확정될 수 있다. 예상

2. 일부 공동소송인에 대하여만 판결을 한 경우의 위법은 소송요건에 준하여 직권으로 조사하여야 할 사항에 해당한다. 예상

> [1] 주관적·예비적 공동소송에서 화해권고결정에 대하여 일부 공동소송인이 이의하지 않은 경우, 공동소송인에 대한 관계에서 위 결정이 확정될 수 있는지 여부(원칙적 적극) / 화해권고결정에서 분리 확정을 불허하고 있거나, 분리 확정을 허용하는 것이 형평과 민사소송법 제70조 제1항 본문의 입법 취지에 반하는 결과가 초래되는 경우, 분리 확정이 허용되는지 여부(소극) 및 이는 공동소송인 전원이 분리 확정에 대하여 이의가 없다는 취지로 진술하였더라도 마찬가지인지 여부(적극)
>
> 민사소송법 제70조에서 정한 주관적·예비적 공동소송에서 화해권고결정에 대하여 일부 공동소송인이 이의하지 않았다면, 원칙적으로 그 공동소송인에 대한 관계에서는 위 결정이 확정될 수 있다. 다만 화해권고결정에서 분리 확정을 불허하고 있거나, 그렇지 않더라도 그 결정에서 정한 사항이 공동소송인들에게 공통되는 법률관계를 형성함을 전제로 하여 이해관계를 조절하는 경우 등과 같이 결정 사항의 취지에 비추어 볼 때 분리 확정을 허용할 경우 형평에 반하고 또한 이해관계가 상반된 공동소송인들 사이에서의 소송 진행 통일을 목적으로 하는 민사소송법 제70조 제1항 본문의 입법 취지에 반하는 결과가 초래되는 경우에는 분리 확정이 허용되지 않는다. 이는 주관적·예비적 공동소송에서 화해권고결정에 대하여 일부 공동소송인만이 이의신청을 한 후 그 공동소송인 전원이 분리 확정에 대하여는 이의가 없다는 취지로 진술하였더라도 마찬가지이다.

[2] 주관적·예비적 공동소송에서 일부 공동소송인에 대하여만 판결을 하거나, 남겨진 자를 위한 추가판결을 하는 것이 허용되는지 여부(소극) 및 일부 공동소송인에 대하여만 판결을 한 경우의 위법이 직권조사사항인지 여부(적극)(대판 2022.4.14. 2020다224975)

주관적·예비적 공동소송에서는 모든 공동소송인에 관한 청구에 관하여 판결을 하여야 하고, 그중 일부 공동소송인에 대하여만 판결을 하거나, 남겨진 자를 위한 추가판결을 하는 것은 허용되지 않으며, 일부 공동소송인에 대하여만 판결을 한 경우의 위법은 소송요건에 준하여 직권으로 조사하여야 할 사항에 해당한다.

정답 ○, ○

04
1. 주위적 공동소송인과 예비적 공동소송인 중 어느 한 사람에 대하여 상소가 제기되면 남겨진 당사자를 위하여 추가판결을 하는 것은 허용되지 않으며 그에 대한 청구 부분도 상소심에 이심되어 상소심의 심판대상이 된다. **20법전협-1 / 13법전협-2**

2. 예비적·선택적 공동소송의 경우 공동소송인 중 일부가 소를 취하하거나 일부 공동소송인에 대한 소를 취하할 수 없다. **19법전협-1**

[1] 주관적·예비적 공동소송에서 일부 공동소송인에 대해서만 판결을 하거나 남겨진 당사자를 위하여 추가판결을 하는 것이 허용되는지 여부(소극) 및 주위적 공동소송인과 예비적 공동소송인 중 어느 한 사람이 상소를 제기한 경우, 다른 공동소송인에 관한 청구 부분도 상소심의 심판대상이 되는지 여부(적극)

주관적·예비적 공동소송은 동일한 법률관계에 관하여 모든 공동소송인이 서로 간의 다툼을 하나의 소송절차로 한꺼번에 모순 없이 해결하는 소송형태로서 모든 공동소송인에 대한 청구에 관하여 판결을 하여야 하고(민사소송법 제70조 제2항), 그중 일부 공동소송인에 대해서만 판결을 하거나 남겨진 당사자를 위하여 추가판결을 하는 것은 허용되지 않는다. 그리고 주관적·예비적 공동소송에서 주위적 공동소송인과 예비적 공동소송인 중 어느 한 사람이 상소를 제기하면 다른 공동소송인에 관한 청구 부분도 확정이 차단되고 상소심에 이심되어 심판대상이 된다.

[2] 주관적·예비적 공동소송에서 공동소송인 중 일부가 소를 취하하거나 일부 공동소송인에 대한 소를 취하할 수 있는지 여부(적극) 및 이 경우 소를 취하하지 않은 나머지 공동소송인에 관한 청구 부분이 여전히 법원의 심판대상이 되는지 여부(적극)

민사소송법은 주관적·예비적 공동소송에 대하여 필수적 공동소송에 관한 규정인 제67조 내지 제69조를 준용하도록 하면서도 소의 취하의 경우에는 예외를 인정하고 있다(제70조 제1항 단서). 따라서 공동소송인 중 일부가 소를 취하하거나 일부 공동소송인에 대한 소를 취하할 수 있고, 이 경우 소를 취하하지 않은 나머지 공동소송인에 관한 청구 부분은 여전히 심판의 대상이 된다.

[3] 과실에 의한 불법행위자인 중개보조원이 고의에 의한 불법행위자와 공동불법행위책임을 부담하는 경우, 중개보조원의 손해배상액을 정할 때 피해자의 과실을 참작하여 과실상계를 할 수 있는지 여부(적극) 및 중개보조원을 고용한 개업공인중개사의 손해배상금액을 정할 때 불법행위에 관여하지는 않았다는 등의 개별적인 사정까지 고려하여 중개보조원보다 가볍게 책임을 제한할 수 있는지 여부(적극)

피해자의 부주의를 이용하여 고의로 불법행위를 저지른 사람이 바로 피해자의 부주의를 이유로 자신의 책임을 줄여 달라고 주장하는 것은 허용될 수 없다. 그러나 이는 그러한 사유가 있는 자에게 과실상계의 주장을 허용하는 것이 신의칙에 반하기 때문이므로, 불법행위자 중의 일부에게 그러한 사유가 있다고 하여 그러한 사유가 없는 다른 불법행위자까지도 과실상계의 주장을 할 수 없다고 해석할 것은 아니다. 또한 중개보조원이 업무상 행위로 거래당사자인 피해자에게 고의로 불법행위를 저지른 경우라고 하더라도, 중개보조원을 고용하였을 뿐 이러한 불법행위에 가담하지 않은 개업공인중개사에게 책임을 묻고 있는 피해자에게 과실이 있다면, 법원은 과실상계의 법리에 따라 손해배상의 책임과 그 금액을 정하는 데 이를 참작하여야 한다. 따라서 과실에 의한 불법행위자인 중개보조원이 고의에 의한 불법행위자와 공동불법행위책임을 부담하는 경우 중개보조원의 손해배상액을 정할 때에는 피해자의 과실을 참작하여 과실상계를 할 수 있고, 중개보조원을 고용한 개업공인중개사의 손해배상금액을 정할 때에는 개업공인중개사가 중개보조원의 사용자일 뿐 불법행위에 관여하지는 않았다는 등의 개별적인 사정까지 고려하여 중개보조원보다 가볍게 책임을 제한할 수도 있다.

[4] 과실상계 사유에 관한 사실인정이나 비율을 정하는 것이 사실심의 전권사항인지 여부(원칙적 적극)
(대판 2018.2.13. 2015다242429)

불법행위에서 과실상계는 공평 또는 신의칙의 견지에서 손해배상액을 정하는 데 피해자의 과실을 참작하는 것으로, 가해자와 피해자의 고의·과실의 정도, 위법행위의 발생과 손해의 확대에 관하여 피해자의 과실이 어느 정도 원인이 되어 있는지 등의 여러 사정을 고려하여 배상액의 범위를 정하는 것이다. 그러나 과실상계 사유에 관한 사실인정이나 비율을 정하는 것은 그것이 형평의 원칙에 비추어 현저히 불합리하다고 인정되지 않는 한 사실심의 전권사항에 속한다.

정답 ○, ×

05

1. 주관적·예비적 공동소송에서 주위적 공동소송인과 예비적 공동소송인 중 어느 한 사람에 대하여 상소가 제기되면 다른 공동소송인에 대한 청구 부분도 상소심에 이심되지만 상소심의 심판대상이 되지는 않는다. 　　　　　　　　　　　　　　　　　　　예상

2. 공동소송에서 일부 공동소송인에 관한 청구에 대하여만 판결을 하는 경우 이는 일부판결이 아닌 흠이 있는 전부판결에 해당하며 누락된 공동소송인은 이를 시정하기 위하여 상소를 제기할 이익이 있다. 　　　　　　　　　　　　　　　　　　　　　　예상

주관적·예비적 공동소송에서 일부 공동소송인에 대하여만 판결을 하거나 남겨진 자를 위하여 추가판결을 하는 것이 허용되는지 여부(소극) 및 주위적 공동소송인과 예비적 공동소송인 중 어느 한 사람이 상소를 제기한 경우, 상소심의 심판대상 / 예비적·선택적 공동소송에서 일부 공동소송인에 관한 청구에 대하여만 이루어진 판결의 소송상 성격(=흠이 있는 전부판결) 및 이때 누락된 공동소송인이 상소를 제기할 이익이 있는지 여부(적극)

주관적·예비적 공동소송은 동일한 법률관계에 관하여 모든 공동소송인이 서로 간의 다툼을 하나의 소송절차로 한꺼번에 모순 없이 해결하는 소송형태로서 모든 공동소송인에 대한 청구에 관하여 판결을 하여야 하고(민사소송법 제70조 제2항), 그중 일부 공동소송인에 대하여만 판결을 하거나, 남겨진 자를 위하여 추가판결을 하는 것은 허용되지 않는다. 그리고 주관적·예비적 공동소송에서 공동소송인 가운데 한 사람에 대한 상대방의 소송행위는 공동소송인 모두에게 효력이 미치므로, 주위적 공동소송인과 예비적 공동소송인 중 어느 한 사람에 대하여 상소가 제기되면 다른 공동소송인에 대한 청구 부분도 상소심에 이심되어 상소심의 심판대상이 되고, 이러한 경우 상소심의 심판대상은 주위적·예비적 공동소송인들 및 그 상대방 당사자 사이의 결론의 합일확정의 필요성을 고려하여 그 심판의 범위를 판단하여야 한다(대판 2018.11. 9. 2018다251851등 참조).

한편, 민사소송법 제70조 제2항은 같은 조 제1항의 예비적·선택적 공동소송에서는 모든 공동소송인에 관한 청구에 대하여 판결을 하도록 규정하고 있으므로, 이러한 공동소송에서 일부 공동소송인에 관한 청구에 대하여만 판결을 하는 경우 이는 일부판결이 아닌 흠이 있는 전부판결에 해당하여 상소로써 이를 다투어야 하고, 그 판결에서 누락된 공동소송인은 이를 시정하기 위하여 상소를 제기할 이익이 있다(대판 2008.3.27. 2005다49430등 참조).

정답 ×, ○

06 보조참가인이 피참가인을 보조하여 공동으로 소송을 수행하였으나 피참가인이 소송에서 패소한 경우에는 형평의 원칙상 보조참가인이 피참가인에게 패소판결이 부당하다고 주장할 수 없도록 구속력을 미치게 하는 참가적 효력이 인정되고, 소송고지를 받은 사람에게도 효력이 미친다.

예상

보조참가인에 대한 전소 확정판결의 참가적 효력이 미치는 범위 및 소송고지를 받은 사람에게도 위와 같은 효력이 미치는지 여부(적극)(대판 2020.1.30. 2019다268252)
보조참가인이 피참가인을 보조하여 공동으로 소송을 수행하였으나 피참가인이 소송에서 패소한 경우에는 형평의 원칙상 보조참가인이 피참가인에게 패소판결이 부당하다고 주장할 수 없도록 구속력을 미치게 하는 참가적 효력이 인정된다. 전소 확정판결의 참가적 효력은 전소 확정판결의 결론의 기초가 된 사실상·법률상 판단으로서 보조참가인이 피참가인과 공동이익으로 주장하거나 다툴 수 있었던 사항에 미친다. 소송고지를 받은 사람이 참가하지 않은 경우라도 참가할 수 있었을 때에 참가한 것으로 보기 때문에(민사소송법 제86조, 제77조) 소송고지를 받은 사람에게도 위와 같은 효력이 미친다.

정답 ○

07 회생채권자가 제기한 채권자취소소송이 계속되어 있던 중 채무자에 대한 회생절차가 개시되어 관리인이 소송을 수계하고 부인의 소로 변경한 경우 종전에 채권자취소의 소를 제기한 회생채권자는 특별한 사정이 없는 한 보조참가를 할 수 있다.

예상

회생채권자가 제기한 채권자취소소송이 계속되어 있던 중 채무자에 대한 회생절차가 개시되어 관리인이 소송을 수계하고 부인의 소로 변경한 경우, 채권자취소의 소를 제기한 회생채권자가 보조참가를 할 수 있는지 여부(원칙적 적극)(대결 2021.12.10. 2021마6702)
소송사건에서 제3자가 한쪽 당사자를 돕기 위하여 보조참가를 하려면 소송결과에 이해관계가 있어야 한다(민사소송법 제71조 참조). 해당 소송에서 판결의 효력이 직접 미치지 않는다고 하더라도 그 판결을 전제로 보조참가를 하려는 자의 법률상 지위가 결정되는 관계에 있으면 이러한 이해관계가 인정된다.
채무자가 채권자에 대한 사해행위를 한 경우에 채권자는 민법 제406조에 따라 채권자취소권을 행사할 수 있다. 그러나 채무자에 대한 회생절차가 개시된 후에는 관리인이 채무자의 재산을 위하여 부인권을 행사할 수 있다[채무자 회생 및 파산에 관한 법률(이하 '채무자회생법'이라 한다) 제100조, 제105조]. 회생채권자가 제기한 채권자취소소송이 회생절차개시 당시 계속되어 있는 때에는 소송절차는 중단되고 관리인이나 상대방이 이를 수계할 수 있고(채무자회생법 제113조, 제59조 제2항), 관리인이 기존 소송을 수계하고 부인의 소로 변경하여 부인권을 행사할 수 있다.

회생채권자가 제기한 채권자취소소송이 계속되어 있던 중 채무자에 대한 회생절차가 개시되어 관리인이 소송을 수계하고 부인의 소로 변경한 경우 소송결과가 채무자 재산의 증감에 직접적인 영향을 미치는 등 회생채권자의 법률상 지위에 영향을 미친다고 볼 수 있다. 따라서 종전에 채권자취소의 소를 제기한 회생채권자는 특별한 사정이 없는 한 소송결과에 이해관계를 갖고 있어 관리인을 돕기 위하여 보조참가를 할 수 있다.

정답 ○

08 공동소송적 보조참가인이 상소를 할 경우에는 피참가인이 상소취하나 상소포기를 할 수 없다.
20법전협-1

행정소송 사건에서 참가인이 한 보조참가가 민사소송법 제78조에 규정된 공동소송적 보조참가인지 여부(적극) 및 이때 참가인이 상소를 할 경우 피참가인이 상소취하나 상소포기를 할 수 있는지 여부(소극) / 민사소송법상 보조참가신청에 대하여 당사자가 이의를 신청하지 아니한 채 변론하거나 변론준비기일에서 진술을 한 경우, 수소법원의 보조참가 허가 결정 없이 계속 소송행위를 할 수 있는지 여부(적극)(대판 2017.10.12. 2015두36836)

행정소송 사건에서 참가인이 한 보조참가가 행정소송법 제16조가 규정한 제3자의 소송참가에 해당하지 않는 경우에도, 판결의 효력이 참가인에게까지 미치는 점 등 행정소송의 성질에 비추어 보면 그 참가는 민사소송법 제78조에 규정된 공동소송적 보조참가라고 볼 수 있다. 민사소송법 제78조의 공동소송적 보조참가에는 필수적 공동소송에 관한 민사소송법 제67조 제1항, 즉 "소송목적이 공동소송인 모두에게 합일적으로 확정되어야 할 공동소송의 경우에 공동소송인 가운데 한 사람의 소송행위는 모두의 이익을 위하여서만 효력을 가진다."라고 한 규정이 준용되므로, 피참가인의 소송행위는 모두의 이익을 위하여서만 효력을 가지고, 공동소송적 보조참가인에게 불이익이 되는 것은 효력이 없으므로, 참가인이 상소를 할 경우에 피참가인이 상소취하나 상소포기를 할 수는 없다.

한편 민사소송법상 보조참가신청에 대하여 당사자가 이의를 신청한 때에는 수소법원은 참가를 허가할 것인지 여부를 결정하여야 하지만, 당사자가 이의를 신청하지 아니한 채 변론하거나 변론준비기일에서 진술을 한 경우에는 이의를 신청할 권리를 잃게 되고(민사소송법 제73조 제1항, 제74조) 수소법원의 보조참가 허가 결정 없이도 계속 소송행위를 할 수 있다.

정답 ○

09 원고가 제3자인 원고 승계참가인의 승계 여부에 대해 다투지 않으면서도 소송탈퇴, 소 취하 등을 하지 않거나 이에 대하여 피고의 승낙, 동의를 받지 못하여 원고가 소송에 남아 있다면, 승계로 인해 청구가 중첩된 원고와 승계참가인은 통상공동소송인의 관계에 있다.
전원합의체 | 21변호사

소송 계속 중 제3자가 민사소송법 제81조에 따라 소송에 참가한 후 원고가 제3자인 원고 승계참가인의 승계 여부에 대해 다투지 않으면서도 소송탈퇴, 소 취하 등을 하지 않거나 이에 대하여 피고가 부동의하여 원고가 소송에 남아 있는 경우, 승계로 인해 중첩된 원고와 원고 승계참가인의 청구 사이에 필수적 공동소송에 관한 민사소송법 제67조가 적용되는지 여부(적극)(대판 2019.10.23. 2012다46170 전원합의체)

승계참가에 관한 민사소송법 규정과 2002년 민사소송법 개정에 따른 다른 다수당사자 소송제도와의 정합성, 원고 승계참가인(이하 '승계참가인'이라 한다)과 피참가인인 원고의 중첩된 청구를 모순 없이 합일적으로 확정할 필요성 등을 종합적으로 고려하면, 소송이 법원에 계속되어 있는 동안에 제3자가 소송목적인 권리의 전부나 일부를 승계하였다고 주장하며 민사소송법 제81조에 따라 소송에 참가한 경우, 원고가 승계참가인의 승계 여부에 대해 다투지 않으면서도 소송탈퇴, 소 취하 등을 하지 않거나 이에 대하여 피고가 부동의하여 원고가 소송에 남아 있다면 승계로 인해 중첩된 원고와 승계참가인의 청구 사이에는 필수적 공동소송에 관한 민사소송법 제67조가 적용된다.

(주요쟁점) 승계로 인해 중첩된 원고와 승계참가인의 청구 사이의 소송관계를 통상 공동소송으로 보았던 종전 대법원 판례를 변경하여 필수적 공동소송 관계임을 밝힌 대법원 전원합의체 판결

정답 ✕

10

1. 법원이 인수참가인의 청구의 당부에 관하여 심리한 결과 인수참가인의 청구를 기각하거나 소를 각하하는 판결을 선고하여 판결이 확정된 경우에는 원고가 제기한 최초의 재판상 청구로 인한 시효중단의 효력은 소멸한다. **예상**

2. 소송인수가 있은 후 탈퇴한 원고가, 소송인수인의 소송목적 승계의 효력이 부정되어 소송인수인에 대한 청구기각 판결이 확정된 날부터 6월 내에 다시 탈퇴 전과 같은 재판상의 청구를 한 때에는, 탈퇴 전에 원고가 제기한 재판상의 청구로 인하여 발생한 시효중단의 효력은 그대로 유지된다. **21변호사**

소송목적인 권리를 양도한 원고가 민사소송법 제82조 제3항, 제80조에 따라 소송에서 탈퇴한 후 인수참가인에 대한 청구기각 또는 소각하 판결이 확정된 경우, 원고가 제기한 최초의 재판상 청구로 인한 시효중단의 효력이 소멸하는지 여부(적극) 및 인수참가인의 소송목적 양수 효력이 부정되어 인수참가인에 대한 청구기각 또는 소각하 판결이 확정된 날부터 6개월 내에 탈퇴한 원고가 다시 탈퇴 전과 같은 재판상의 청구 등을 한 경우, 탈퇴 전에 원고가 제기한 재판상의 청구로 인하여 발생한 시효중단의 효력이 그대로 유지되는지 여부(적극)(대판 2017.7.18. 2016다35789)

소송목적인 권리를 양도한 원고는 법원이 소송인수 결정을 한 후 피고의 승낙을 받아 소송에서 탈퇴할 수 있는데(민사소송법 제82조 제3항, 제80조), 그 후 법원이 인수참가인의 청구의 당부에 관하여 심리한 결과 인수참가인의 청구를 기각하거나 소를 각하하는 판결을 선고하여 판결이 확정된 경우에는 원고가 제기한 최초의 재판상 청구로 인한 시효중단의 효력은 소멸한다. 다만 소송탈퇴는 소취하와는 성질이 다르며, 탈퇴 후 잔존하는 소송에서 내린 판결은 탈퇴자에 대하여도 효력이 미친다(민사소송법 제82조 제3항, 제80조 단서). 이에 비추어 보면 인수참가인의 소송목적 양수 효력이 부정되어 인수참가인에 대한 청구기각 또는 소각하 판결이 확정된 날부터 6개월 내에 탈퇴한 원고가 다시 탈퇴 전과 같은 재판상의 청구 등을 한 때에는, 탈퇴 전에 원고가 제기한 재판상의 청구로 인하여 발생한 시효중단의 효력은 그대로 유지된다.

정답 ○, ○

11

1. 소송이 법원에 계속되어 있는 동안에 제3자가 소송목적인 권리 또는 의무의 전부를 승계한 경우에만 법원은 직권 또는 당사자의 신청에 따라 그 제3자로 하여금 소송을 인수하게 할 수 있다. _{19법전협-3}

2. 사업시행자가 조합 설립에 동의하지 않은 토지 또는 건축물 소유자를 상대로 매도청구의 소를 제기하여 매도청구권을 행사한 이후에 제3자가 매도청구 대상인 토지 또는 건축물을 특정승계하였다면 민사소송법 제82조 제1항에 따라 제3자로 하여금 매도청구소송을 인수하도록 신청할 수 있다. _{예상}

> 주택재건축사업 시행자가 조합 설립에 동의하지 않은 토지 또는 건축물 소유자를 상대로 매도청구의 소를 제기하여 매도청구권을 행사한 이후 제3자가 매도청구 대상인 토지 또는 건축물을 특정승계한 경우, 사업시행자가 민사소송법 제82조 제1항에 따라 제3자로 하여금 매도청구소송을 인수하도록 신청할 수 있는지 여부(원칙적 소극)(대판 2019.2.28. 2016다255613)
>
> 구 도시 및 주거환경정비법(2012. 2. 1. 법률 제11293호로 개정되기 전의 것) 제39조, 집합건물의 소유 및 관리에 관한 법률 제48조의 규정 내용과 취지에 따르면, 재건축 참가 여부를 촉구받은 사람이 재건축에 참가하지 않겠다는 뜻을 회답하거나 2개월 이내에 회답을 하지 않았는데 토지 또는 건축물의 특정승계가 이루어진 경우, 사업시행자는 승계인에게 다시 새로운 최고를 할 필요 없이 곧바로 승계인을 상대로 매도청구권을 행사할 수 있다고 보아야 한다. 그러나 위 규정은 승계인에게 매도할 것을 청구할 수 있다고 정하고 있을 뿐이고 승계인이 매매계약상의 의무를 승계한다고 정한 것은 아니다. 따라서 사업시행자가 매도청구권을 행사한 이후에 비로소 토지 또는 건축물의 특정승계가 이루어진 경우 이미 성립한 매매계약상의 의무가 그대로 승계인에게 승계된다고 볼 수는 없다. 구 도시 및 주거환경정비법(2017. 2. 8. 법률 제14567호로 개정되기 전의 것) 제10조는 "사업시행자와 정비사업과 관련하여 권리를 갖는 자의 변동이 있는 때에는 종전의 사업시행자와 권리자의 권리·의무는 새로이 사업시행자와 권리자로 된 자가 이를 승계한다."라고 정하고 있다. 여기에서 '정비사업과 관련하여 권리를 갖는 자'는 조합원 등을 가리키는 것이고, 사업시행자로부터 매도청구를 받은 토지 또는 건축물 소유자는 이에 포함되지 않는다. 따라서 매도청구권이 행사된 다음에 토지 또는 건물의 특정승계인이 이 조항에 따라 매매계약상의 권리·의무를 승계한다고 볼 수도 없다.
> 민사소송법 제82조 제1항은 '승계인의 소송인수'에 관하여 "소송이 법원에 계속되어 있는 동안에 제3자가 소송목적인 권리 또는 의무의 전부나 일부를 승계한 때에는 법원은 당사자의 신청에 따라 그 제3자로 하여금 소송을 인수하게 할 수 있다."라고 정하고 있다. <u>토지 또는 건축물에 관한 특정승계를 한 것이 토지 또는 건축물에 관한 소유권이전등기의무를 승계하는 것은 아니다. 따라서 사업시행자가 조합 설립에 동의하지 않은 토지 또는 건축물 소유자를 상대로 매도청구의 소를 제기하여 매도청구권을 행사한 이후에 제3자가 매도청구 대상인 토지 또는 건축물을 특정승계하였다고 하더라도, 특별한 사정이 없는 한 사업시행자는 민사소송법 제82조 제1항에 따라 제3자로 하여금 매도청구소송을 인수하도록 신청할 수 없다.</u>

정답 ✕, ✕

PART 05

상소심절차

01 항소의 취하는 항소의 전부에 대하여 하여야 하고 항소의 일부 취하는 효력이 없으므로 병합된 수개의 청구 전부에 대하여 불복한 항소에서 그중 일부 청구에 대한 불복신청을 철회하였다면 부적법한 항소로 각하해야 한다. 예상

> 병합된 수개의 청구 전부에 대하여 불복한 항소에서 그중 일부 청구에 대한 불복신청을 철회한 경우의 효과 및 이때 항소 자체의 효력에 영향이 있는지 여부(소극)(대판 2017.1.12. 2016다241249)
>
> 항소의 취하는 항소의 전부에 대하여 하여야 하고 항소의 일부 취하는 효력이 없으므로 병합된 수개의 청구 전부에 대하여 불복한 항소에서 그중 일부 청구에 대한 불복신청을 철회하였더라도 그것은 단지 불복의 범위를 감축하여 심판의 대상을 변경하는 효과를 가져오는 것에 지나지 아니하고, 항소인이 항소심의 변론종결시까지 언제든지 서면 또는 구두진술에 의하여 불복의 범위를 다시 확장할 수 있는 이상 항소 자체의 효력에 아무런 영향이 없다.
>
> (주요쟁점) 병합된 수개의 청구 전부에 대하여 불복한 항소에서 일부 청구에 대한 불복신청을 철회한 경우 심판의 대상을 변경하는 효과를 가져오는 것에 불과하여 항소 자체의 효력에 영향이 없다는 것을 명확하게 밝힌 판결

정답 ✕

02 항소기간 경과 후에 항소취하가 있는 경우에는 항소기간 만료 시로 소급하여 제1심판결이 확정된다. 예상

> 항소기간 경과 후에 항소취하가 있는 경우, 제1심판결이 확정되는 시기(=항소기간 만료 시)(대판 2017.9.21. 2017다233931)
>
> 항소취하가 있으면 소송은 처음부터 항소심에 계속되지 아니한 것으로 보게 되나(민사소송법 제393조 제2항, 제267조 제1항), 항소취하는 소의 취하나 항소권 포기와 달리 제1심 종국판결이 유효하게 존재하므로, 항소기간 경과 후에 항소취하가 있는 경우에는 항소기간 만료 시로 소급하여 제1심판결이 확정된다.
>
> (주요쟁점) 항소기간 경과 후에 항소취하가 있는 경우에는 항소기간 만료 시로 소급하여 제1심판결이 확정된다는 것을 명확하게 밝힌 판결

정답 ○

03 주위적 청구기각, 예비적 청구인용의 원판결에 대하여 피고만이 불복 상고하여 예비적 청구 부분이 파기환송된 경우 주위적 청구 부분은 환송심의 심판대상이 되지 않는다. _{19법전협-3}

> [1] 1개의 청구 일부를 기각하는 제1심판결에 대하여 일방 당사자만이 항소한 경우, 항소심의 심판범위 및 이때 항소심의 심판대상이 되지 아니한 부분은 항소심판결 선고와 동시에 확정되어 소송이 종료되는지 여부(적극)
>
> 1개의 청구 일부를 기각하는 제1심판결에 대하여 일방 당사자만이 항소한 경우 제1심판결의 심판대상이었던 청구 전부가 불가분적으로 항소심에 이심되나, 항소심의 심판범위는 이심된 부분 가운데 항소인이 불복한 한도로 제한되고, 항소심의 심판대상이 되지 아니한 부분은 항소심판결 선고와 동시에 확정되어 소송이 종료된다.
>
> [2] 원고의 청구가 일부 인용된 환송 전 원심판결에 대하여 피고만이 상고하여 상고심에서 피고 패소 부분을 파기·환송한 경우, 환송 후 원심의 심판범위 및 환송 전 원심판결 중 원고 패소 부분에 대하여 환송 후 원심이 심리할 수 있는지 여부(소극)(대판 2020.3.26. 2018다221867)
>
> 원고의 청구가 일부 인용된 환송 전 원심판결에 대하여 피고만이 상고하고 상고심이 상고를 받아들여 원심판결 중 피고 패소 부분을 파기·환송하였다면 피고 패소 부분만이 상고되었으므로 위의 상고심에서의 심리대상은 이 부분에 국한되었으며, 환송되는 사건의 범위, 다시 말하자면 환송 후 원심의 심판범위도 환송 전 원심에서 피고가 패소한 부분에 한정되는 것이(대판 2001.12.24. 2001다62213 참조) 원칙이고, 환송 전 원심판결 중 원고 패소 부분은 확정되었다 할 것이므로 환송 후 원심으로서는 이에 대하여 심리할 수 없다.

정답 ○

04 민사소송법 제397조 제2항은 항소장에 당사자와 법정대리인, 제1심 판결의 표시와 그 판결에 대한 항소의 취지를 적도록 하고 있을 뿐이므로, 항소장에는 제1심판결의 변경을 구한다는 항소인의 의사가 나타나면 충분하고 항소의 범위나 이유까지 기재되어야 하는 것은 아니다. _{예상}

> [1] 항소장에 항소의 범위나 이유를 기재하여야 하는지 여부(소극) 및 항소의 객관적, 주관적 범위를 판단하는 기준
>
> 민사소송법 제397조 제2항은 항소장에 당사자와 법정대리인, 제1심판결의 표시와 그 판결에 대한 항소의 취지를 적도록 하고 있을 뿐이므로, 항소장에는 제1심판결의 변경을 구한다는 항소인의 의사가 나타나면 충분하고 항소의 범위나 이유까지 기재되어야 하는 것은 아니다. 따라서 항소의 객관적, 주관적 범위는 항소장에 기재된 항소취지만을 기준으로 판단할 것은 아니고, 항소취지와 함께 항소장에 기재된 사건명이나 사건번호, 당사자의 표시, 항소인이 취소를 구하는 제1심판결의 주문 내용 등을 종합적으로 고려해서 판단해야 한다.
>
> [2] 항소심재판장이 항소장 각하명령을 할 수 있는 시기(=항소장 송달 전까지) 및 독립당사자참가소송의 제1심 본안판결에 대해 일방이 항소하고 피항소인 중 1명에게 항소장이 적법하게 송달되어 항소심법원과 당사자들 사이의 소송관계가 일부라도 성립한 것으로 볼 수 있는 경우, 항소심재판장이 단독으로 항소장 각하명령을 할 수 있는지 여부(소극)(대결 2020.1.30. 2019마5599, 5600)

항소심재판장은 항소장 부본을 송달할 수 없는 경우 항소인에게 상당한 기간을 정하여 그 기간 이내에 흠을 보정하도록 명해야 하고, 항소인이 이를 보정하지 않으면 항소장 각하명령을 해야 한다(민사소송법 제402조 제1항, 제2항 참조). 이러한 항소심재판장의 항소장 각하명령은 항소장 송달 전까지만 가능하다. 따라서 항소장이 피항소인에게 송달되어 항소심법원과 당사자들 사이의 소송관계가 성립하면 항소심재판장은 더 이상 단독으로 항소장 각하명령을 할 수 없다. 나아가 민사소송법 제79조에 의한 독립당사자참가소송은 동일한 권리관계에 관하여 원고, 피고, 참가인 사이의 다툼을 하나의 소송절차로 한꺼번에 모순 없이 해결하는 소송형태이므로, 위 세 당사자들에 대해서는 하나의 종국판결을 선고하여 합일적으로 확정될 결론을 내려야 하고, 이러한 본안판결에 대해 일방이 항소한 경우 제1심 판결 전체의 확정이 차단되고 사건 전부에 관하여 이심의 효력이 생긴다. 이처럼 항소심재판장이 단독으로 하는 항소장 각하명령에는 시기적 한계가 있고 독립당사자참가소송의 세 당사자들에 대하여는 합일적으로 확정될 결론을 내려야 하므로, 독립당사자참가소송의 제1심 본안판결에 대해 일방이 항소하고 피항소인 중 1명에게 항소장이 적법하게 송달되어 항소심법원과 당사자들 사이의 소송관계가 일부라도 성립한 것으로 볼 수 있다면, 항소심재판장은 더 이상 단독으로 항소장 각하명령을 할 수 없다.

[3] 甲 등이 乙을 상대로 제기한 제1심 소송계속 중 丙 학교법인이 독립당사자참가를 하여 甲 등의 본소청구를 기각하고 丙 법인의 청구를 인용하는 판결이 선고되자 甲 등이 항소하면서 항소장의 항소취지에 '원심판결을 취소한다'는 기재와 함께 본소의 청구취지를 기재하였으나 참가사건의 청구취지는 별도로 기재하지 않았는데, 甲 등이 제출한 항소장 부본이 丙 법인에 송달되었으나 乙에게는 폐문부재로 송달되지 않았고, 이에 원심재판장이 甲 등에게 乙에 대한 주소를 보정하도록 하였으나, 甲 등이 보정기간 내에 이를 이행하지 않자 주소보정명령 불이행을 이유로 甲 등이 제출한 항소장 전부에 대해 항소장 각하명령을 한 사안에서, 甲 등이 제출한 항소장에는 본소와 참가사건의 사건명, 사건번호는 물론 丙 법인도 당사자로 표시되어 있고, 제1심판결의 본소 및 참가사건에 대한 주문 내용이 전부 기재되어 제1심판결의 취소를 구하는 취지가 담겨 있으므로, 甲 등은 본소와 참가사건 모두에 대해 항소한 것으로 보이고, 항소장의 항소취지에 본소에 대한 부분만 기재하고 참가사건에 대한 부분을 누락하였다는 사정만으로 甲 등의 항소범위가 본소에 한정된다고 볼 수는 없으며, 나아가 제1심에서 이루어진 丙 법인의 독립당사자참가로 인하여 합일적으로 확정될 결론을 내려야 하는 甲 등과 乙 및 丙 법인에 대하여 하나의 종국판결이 선고되었고, 甲 등이 제출한 항소장 부본이 丙 법인에 적법하게 송달되어 항소심법원과 항소인 甲 등, 피항소인 중 일부인 丙 법인 사이에 소송관계가 성립한 이상, 항소심재판장은 더 이상 단독으로 항소장 각하명령을 할 수 없고, 다른 피항소인 乙에게 항소장 부본이 송달되지 않았고 甲 등이 주소보정명령을 이행하지 않았더라도 달리 볼 수 없으므로, 원심재판장의 명령에 법리오해의 잘못이 있다고 한 사례.

정답 ○

05 항소장 부본의 송달불능은 소송계속 중 소송서류가 송달불능된 것에 불과한 점, 항소인이 항소장 부본의 송달불능을 초래한 것이 아닌데도 그 송달불능으로 인한 불이익을 오로지 항소인에게만 돌리는 것은 부당한 점, 소장각하명령과 항소장각하명령은 본질적으로 다른 재판이므로 소장 부본이 송달불능된 경우 주소보정명령을 하고 그 불응 시 소장각하명령에 관한 법리를 항소장 부본이 송달불능된 경우에 그대로 적용할 수 없는 점 등을 이유로 민사소송법 제402조 제1, 2항에 근거하여 항소인에게 주소보정명령을 하거나 그 불이행 시 항소장 각하명령을 하는 것은 허용될 수 없다.

전원합의체 | 예상

항소심에서 항소장 부본을 송달할 수 없는 경우, 항소심재판장은 민사소송법 제402조 제1항, 제2항에 따라 항소인에게 상당한 기간을 정하여 그 기간 이내에 피항소인의 주소를 보정하도록 명하여야 하는지 여부(적극) 및 항소인이 그 기간 이내에 피항소인의 주소를 보정하지 아니한 때에는 명령으로 항소장을 각하하여야 하는지 여부(적극) / 위와 같은 대법원 판례의 법리가 그대로 유지되어야 하는지 여부(적극)(대결 2021.4.22. 2017마6438 전원합의체)

다수의견 대법원은 항소심에서 항소장 부본을 송달할 수 없는 경우 항소심재판장은 민사소송법 제402조 제1항, 제2항에 따라 항소인에게 상당한 기간을 정하여 그 기간 이내에 피항소인의 주소를 보정하도록 명하여야 하고, 항소인이 그 기간 이내에 피항소인의 주소를 보정하지 아니한 때에는 명령으로 항소장을 각하하여야 한다는 법리를 선언하여 왔고, 항소장의 송달불능과 관련한 법원의 실무도 이러한 법리를 기초로 운용되어 왔다. 위와 같은 대법원 판례는 타당하므로 그대로 유지되어야 한다. 그 이유는 다음과 같다.

① 현재 판례의 태도는 민사소송법 제402조 제1항, 제2항의 문언 해석에 부합하고, 그 입법연혁을 고려하면 더욱 그러하다.
　민사소송법 제402조 제1항, 제2항의 문언에 의하면, 항소장 부본이 피항소인에게 송달되지 않는 경우 항소심재판장은 항소장 부본이 피항소인에게 송달될 수 있도록 항소인에게 항소장의 흠을 보정하도록 명하여야 한다. 여기서 '흠을 보정한다.'는 것은 항소장 부본의 송달불능 원인을 보정하여야 한다는 의미이므로, 그 송달불능 원인이 피항소인의 주소 때문이라면, 항소인은 피항소인이 항소장 부본을 송달받을 수 있는 주소를 보정하여야 한다는 의미로 해석할 수밖에 없다.
　입법연혁에 비추어 보더라도, 소장 부본이 송달불능에 이른 경우 재판장이 주소보정명령을 하고 원고가 이를 이행하지 아니한 때 소장각하명령을 하여야 하는 것과 마찬가지로 항소장 부본이 송달불능에 이른 경우에는 재판장이 주소보정명령을 하고 항소인이 이를 이행하지 아니한 때 항소장각하명령을 하여야 한다고 해석함이 타당하다.
② 현재의 판례는 항소인이 항소심재판 진행에 필요한 최소한의 요건을 갖추지 않는 데 대한 제재의 의미라고 이해할 수 있다.
③ 항소심재판장이 항소인에게 항소장 부본이 송달될 수 있는 피항소인의 주소를 보정하라고 명령하는 것은 항소인에게 수인하지 못할 정도의 과중한 부담을 부과한 것도 아니다.
④ 실무상 주소보정명령에서 항소장각하명령을 예고하고 있으므로, 항소장각하명령은 항소인이 충분히 예측할 수 있는 재판이다.
⑤ 현재의 판례는 제1심 재판을 충실화하고 항소심을 사후심에 가깝게 운영하기 위한 향후의 발전 방향에도 부합한다.

반대의견 소송절차의 연속성을 고려할 때 항소장 부본의 송달불능은 소송계속 중 소송서류가 송달불능된 것에 불과한 점, 항소인이 항소장 부본의 송달불능을 초래한 것이 아닌데도 그 송달불능으로 인한 불이익을 오로지 항소인에게만 돌리는 것은 부당한 점, 소장각하명령과 항소장각하명령은 본질적으로 다른 재판인 점 등을 종합하여 고려할 때, 항소장 부본이 송달불능된 경우 민사소송법 제402조 제1항, 제2항에 근거하여 항소인에게 주소보정명령을 하거나 그 불이행 시 항소장각하명령을 하는 것은 허용될 수 없다고 보아야 한다. 또한 관련 법 조항의 문언해석상으로도 그러하다.

정답 ✕

06 항소취하 간주의 효력을 다투기 위해서는 상고를 제기해야 한다. 예상

> 민사소송법 제268조 제4항에서 정한 항소취하 간주가 상고의 대상이 되는 종국판결에 해당하는지 여부(소극) 및 항소취하 간주의 효력을 다투는 방법(대판 2019.8.30. 2018다259541)
> 민사소송법 제268조 제4항에서 정한 항소취하 간주는 그 규정상 요건의 성취로 법률에 의하여 당연히 발생하는 효과이고 법원의 재판이 아니므로 상고의 대상이 되는 종국판결에 해당하지 아니한다. 항소취하 간주의 효력을 다투려면 민사소송규칙 제67조, 제68조에서 정한 절차에 따라 항소심 법원에 기일지정신청을 할 수는 있으나 상고를 제기할 수는 없다.

정답 ✕

---

07 판결이유에 청구가 이유 없다고 설시되어 있더라도 판결주문에 그 설시가 없으면 특별한 사정이 없는 한 재판이 누락되었다고 보아야 한다.
[표준] 18변호사

> [1] 판결 이유에 청구가 이유 없다고 설시되어 있더라도 주문에 그 설시가 없는 경우, 재판의 누락에 해당하는지 여부(원칙적 적극) 및 재판의 누락이 있는 부분에 대한 상고가 적법한지 여부(소극)
> 판결에는 법원의 판단을 분명하게 하기 위하여 결론을 주문에 기재하도록 되어 있어 재판의 누락이 있는지 여부는 주문의 기재에 의하여 판정하여야 하므로, 판결 이유에 청구가 이유 없다고 설시되어 있더라도 주문에 그 설시가 없으면 특별한 사정이 없는 한 재판의 누락이 있다고 보아야 하며, 재판의 누락이 있으면 그 부분 소송은 아직 원심에 계속 중이어서 상고의 대상이 되지 아니하므로, 그 부분에 대한 상고는 불복의 대상이 존재하지 아니하여 부적법하다(대판 2004.8.30. 2004다24083 참조).
>
> [2] 취득시효 완성 후 제3자 앞으로 경료된 소유권이전등기가 원인무효인 경우, 취득시효 완성을 원인으로 한 소유권이전등기청구권을 가진 자가 취득시효 완성 당시의 소유자를 대위하여 제3자 명의 등기의 말소를 구할 수 있는지 여부(적극) 및 취득시효 완성을 원인으로 하는 소유권이전등기청구권을 피보전권리로 하는 부동산처분금지가처분 등기가 마쳐진 후에 가처분채권자가 가처분채무자를 상대로 가처분의 피보전권리에 기한 소유권이전등기를 청구함과 아울러 가처분 등기 후 가처분채무자로부터 소유권이전등기를 넘겨받은 제3자를 상대로 가처분채무자와 제3자 사이의 법률행위가 원인무효라는 사유를 들어 가처분채무자를 대위하여 제3자 명의 소유권이전등기의 말소를 청구하는 경우, 제3자에 대한 청구가 소의 이익이 없어 부적법한지 여부(소극)(대판 2017.12.5. 2017다237339)
> 취득시효 완성 후 제3자 앞으로 경료된 소유권이전등기가 원인무효인 경우 취득시효 완성을 원인으로 한 소유권이전등기청구권을 가진 자는 취득시효 완성 당시의 소유자를 대위하여 제3자 명의 등기의 말소를 구할 수 있다. 한편 취득시효 완성을 원인으로 하는 소유권이전등기청구권을 피보전권리로 하는 부동산처분금지가처분 등기가 마쳐진 후에 가처분채권자가 가처분채무자를 상대로 가처분의 피보전권리에 기한 소유권이전등기를 청구함과 아울러 가처분 등기 후 가처분채무자로부터 소유권이전등기를 넘겨받은 제3자를 상대로 가처분채무자와 제3자 사이의 법률행위가 원인무효라는 사유를 들어 가처분채무자를 대위하여 제3자 명의 소유권이전등기의 말소를 청구하는 경우, 가처분채권자가 채무자를 상대로 본안의 승소판결을 받아 확정되면 가처분에 저촉되는 처분행위의 효력을 부정할 수 있다고 하여, 그러한 사정만으로 위와 같은 제3자에 대한 청구가 소의 이익이 없어 부적법하다고 볼 수는 없다.

가처분채권자가 대위 행사하는 가처분채무자의 위 제3자에 대한 말소청구권은 가처분 자체의 효력과는 관련이 없을 뿐만 아니라, 가처분은 실체법상의 권리관계와 무관하게 효력이 상실될 수도 있어, 가처분채권자의 입장에서는 가처분의 효력을 원용하는 외에 별도로 가처분채무자를 대위하여 제3자 명의 등기의 말소를 구할 실익도 있기 때문이다.

> **주요쟁점** 재판 누락은 판결 주문을 기준으로 판단하여야 하므로 이유에 기재되었더라도 주문에 표시되지 않으면 재판 누락이어서 상고의 대상이 될 수 없음을 분명히 한 판결

정답 ○

08 부동산 소유자가 부동산 소유권이전등기에 관한 조정의 당사자로서 조정조서의 기판력으로 말미암아 부동산등기부에 소유명의를 회복할 방법이 없어졌다고 하더라도 소유자는 소유권을 부인하는 조정의 상대방을 비롯하여 제3자에 대하여 다툼의 대상이 된 부동산이 자기의 소유라는 확인을 구할 법률상 이익이 있다.
예상

> 부동산 소유자가 부동산 소유권이전등기에 관한 조정의 당사자로서 조정조서의 기판력으로 말미암아 부동산등기부에 소유명의를 회복할 방법이 없어졌더라도 소유권을 부인하는 조정의 상대방을 비롯하여 제3자에 대하여 다툼의 대상이 된 부동산이 자기의 소유라는 확인을 구할 법률상 이익이 있는지 여부(적극)(대판 2017.12.22. 2015다205086)
>
> 조정조서는 재판상의 화해조서와 같이 확정판결과 동일한 효력이 있고, 조정의 내용에 따라 권리의 취득과 소멸이라는 창설적 효력이 인정된다(민사조정법 제29조, 민사소송법 제220조, 민법 제732조). 당사자 사이에 조정이 성립하면 종전의 다툼 있는 법률관계를 바탕으로 한 권리·의무관계는 소멸하고 조정의 내용에 따른 새로운 권리·의무관계가 성립한다. 그러나 조정조서에 인정되는 확정판결과 동일한 효력은 소송물인 법률관계에만 미치고 그 전제가 되는 법률관계에까지 미치지는 않는다. 부동산 소유권이전등기에 관한 조정조서의 기판력은 소송물이었던 이전등기청구권의 존부에만 미치고 부동산의 소유권 자체에까지 미치지는 않는다.
> 따라서 부동산 소유자가 부동산 소유권이전등기에 관한 조정의 당사자로서 조정조서의 기판력으로 말미암아 부동산등기부에 소유명의를 회복할 방법이 없어졌다고 하더라도 소유권이 그에게 없음이 확정된 것은 아니고, 부동산등기부에 소유자로 등기되어 있지 않다고 하여 소유권을 행사하는 것이 전혀 불가능한 것도 아니다. 그러한 소유자는 소유권을 부인하는 조정의 상대방을 비롯하여 제3자에 대하여 다툼의 대상이 된 부동산이 자기의 소유라는 확인을 구할 법률상 이익이 있다.

정답 ○

09　1. 불복신청을 할 수 없는 결정·명령에 대하여 재판에 영향을 미친 헌법위반이 있는 경우 대법원에 직접 하는 불복방법은 특별항고이다.　**19법전협-1**

2. 판결경정신청을 기각한 결정에 이러한 헌법 위반이 있다고 하려면 신청인이 그 재판에 필요한 자료를 제출할 기회를 전혀 부여받지 못한 상태에서 그러한 결정이 있었다든지, 판결과 그 소송의 모든 과정에 나타난 자료와 판결 선고 후에 제출된 자료에 의하여 판결에 잘못이 있음이 분명하여 판결을 경정해야 하는 사안임이 명백한데도 법원이 이를 간과함으로써 기각결정을 하였다는 등의 사정이 있어야 한다.　**예상**

> [1] 판결경정신청을 기각한 결정에 대하여 헌법 위반을 이유로 민사소송법 제449조 제1항에 의한 특별항고를 할 수 있는 경우
>
> 민사소송법 제449조 제1항은 불복할 수 없는 결정이나 명령에 대하여는 재판에 영향을 미친 헌법 위반이 있거나, 재판의 전제가 된 명령·규칙·처분의 헌법 또는 법률의 위반 여부에 대한 판단이 부당하다는 것을 이유로 하는 때에만 대법원에 특별항고를 할 수 있도록 하고 있다. 여기서 결정이나 명령에 대하여 재판에 영향을 미친 헌법 위반이 있다고 함은 결정이나 명령의 절차에서 헌법 제27조 등이 정하고 있는 적법한 절차에 따라 공정한 재판을 받을 권리가 침해된 경우를 포함한다. 판결경정신청을 기각한 결정에 이러한 헌법 위반이 있다고 하려면 신청인이 그 재판에 필요한 자료를 제출할 기회를 전혀 부여받지 못한 상태에서 그러한 결정이 있었다든지, 판결과 그 소송의 모든 과정에 나타난 자료와 판결 선고 후에 제출된 자료에 의하여 판결에 잘못이 있음이 분명하여 판결을 경정해야 하는 사안임이 명백한데도 법원이 이를 간과함으로써 기각결정을 하였다는 등의 사정이 있어야 한다.
>
> [2] 판결에 대한 경정결정 제도의 취지 / 판결경정이 가능한 잘못에는 당사자의 청구에 잘못이 있어 생긴 경우도 포함되는지 여부(적극) 및 위 잘못이 명백한지 판단할 때 참작할 수 있는 자료의 범위
>
> 판결에 잘못된 계산이나 기재 그 밖에 이와 비슷한 잘못이 있는 것이 명백한 때 하는 경정결정은, 일단 선고된 판결에 대하여 그 내용을 실질적으로 변경하지 않는 범위에서 표현상의 기재 잘못이나 계산의 착오 또는 이와 유사한 잘못을 법원 스스로 결정으로써 정정 또는 보충하여 강제집행이나 등기의 기재 등 이른바 광의의 집행에 지장이 없도록 하자는 데 그 취지가 있다. 경정이 가능한 잘못에는 그것이 법원의 과실로 생긴 경우뿐만 아니라 당사자의 청구에 잘못이 있어 생긴 경우도 포함된다. 경정결정을 할 때에는 소송의 모든 과정에 나타난 자료는 물론 경정대상인 판결 이후에 제출된 자료도 다른 당사자에게 아무런 불이익이 없는 경우나 이를 다툴 수 있는 기회가 있었던 경우에는 소송경제상 이를 참작하여 그 잘못이 명백한지 여부를 판단할 수 있다.
>
> [3] 토지에 관한 소유권이전등기절차의 이행을 구하는 소송의 사실심 변론종결 전에 토지가 분할되었는데 그 내용이 변론에 드러나지 않은 채 원고의 청구가 인용된 경우, 판결에 표시된 토지에 관한 표시를 분할된 토지에 관한 표시로 경정해 달라는 신청을 받아들여야 하는지 여부(원칙적 적극)(대결 2020.3.16. 2020그507)
>
> 토지에 관한 소유권이전등기절차의 이행을 구하는 소송 중 사실심 변론종결 전에 토지가 분할되었는데도 그 내용이 변론에 드러나지 않은 채 토지에 관한 원고 청구가 인용된 경우에 판결에 표시된 토지에 관한 표시를 분할된 토지에 관한 표시로 경정해 달라는 신청은 특별한 사정이 없는 한 받아들여야 한다.

정답 ○, ○

10 쌍방상소사건에서 각 당사자의 불복범위에 현저한 차이가 있어 쌍방 상소 기각과 함께 상소비용을 각자 부담으로 하게 되면 불합리한 결과가 발생한다고 인정되는 경우, 법원으로서는 당해 심급의 소송비용부담재판을 함에 있어 단지 각자 부담으로 할 것이 아니라 각 당사자의 불복으로 인한 부분의 상소비용을 불복한 당사자가 각각 부담하도록 하거나, 쌍방의 상소비용을 합하여 이를 불복범위의 비율로 적절히 안분시키는 형태로 주문을 냄으로써, 위와 같은 불합리한 결과가 발생하지 않도록 하는 것이 바람직하다.

예상

> 원고의 청구를 일부 인용한 판결에 대해 쌍방이 각 패소 부분에 상소한 사건에서 각 당사자의 불복범위에 현저한 차이가 있어 쌍방 상소 기각과 함께 상소비용을 각자 부담으로 하게 되면 불합리한 결과가 발생한다고 인정되는 경우, 법원이 당해 심급의 소송비용부담재판을 하면서 취하여야 할 조치(대판 2019.4.3. 2018다271657)
>
> 소송비용의 재판에 대한 불복은 본안의 재판에 대한 상소의 전부 또는 일부가 이유 있는 경우에 한하여 허용되고, 본안의 상소가 이유가 없는 경우에는 허용되지 아니하며, 소송비용액확정결정절차에서는 상환할 소송비용의 액수를 정할 수 있을 뿐이고 소송비용부담재판에서 확정한 상환의무 자체의 범위를 심리·판단하거나 변경할 수 없다. 따라서 법원이 사건을 완결하는 재판을 하면서 소송비용에 관한 재판을 함에 있어서는, 소송비용의 패소자부담 등 민사소송법이 정한 원칙과 함께 소송의 형태와 경과, 상소심인 경우 불복범위 등 제반 사정을 고려하여, 당사자 간에 실질적인 불합리와 불평등이 없도록 신중하게 그 부담을 정할 필요가 있다.
>
> 현행 실무상 원고의 청구를 일부 인용한 판결에 대해 쌍방이 각 패소 부분에 상소한 사건(이하 '쌍방상소사건'이라고 한다)에서, 상소심이 쌍방의 상소를 모두 기각하는 경우 당해 심급의 소송비용부담재판을 함에 있어서는 거의 예외 없이 상소인 각자가 부담하도록 하고 있고, 이 경우 원고와 피고는 특별한 사정이 없는 한 각 지출한 비용을 자기가 부담하고 상대방에게 상환청구를 할 수 없다고 해석된다. 그런데 쌍방상소사건에서 상소가 모두 기각되었더라도 각 당사자가 불복의 대상으로 삼은 범위에 현저한 차이가 있어 실질적으로는 더 적은 범위에 대해 불복한 당사자가 승소한 범위가 훨씬 큰 경우에도 상소비용을 각자 부담하도록 하게 되면, 불복범위가 더 적은 상소인의 입장에서는 단지 쌍방이 상소하여 모두의 상소가 기각되었다는 우연한 사정에 의해 그가 상소하지 않았을 때와 비교하여 소송비용의 부담과 상환에 있어 부당하게 불리한 결과가 발생하게 된다.
>
> 따라서 쌍방상소사건에서 각 당사자의 불복범위에 현저한 차이가 있어 쌍방 상소 기각과 함께 상소비용을 각자 부담으로 하게 되면 위와 같은 불합리한 결과가 발생한다고 인정되는 경우, 법원으로서는 당해 심급의 소송비용부담재판을 함에 있어 단지 각자 부담으로 할 것이 아니라, 각 당사자의 불복으로 인한 부분의 상소비용을 불복한 당사자가 각각 부담하도록 하거나, 쌍방의 상소비용을 합하여 이를 불복범위의 비율로 적절히 안분시키는 형태로 주문을 냄으로써, 위와 같은 불합리한 결과가 발생하지 않도록 하는 것이 바람직하다.

정답 ○

11 상소인이 인지의 보정명령에 따라 인지액에 해당하는 현금을 수납은행에 납부하면서 잘못하여 인지로 납부하지 않고 송달료로 납부한 경우에는 인지가 납부되었다고 할 수 없어 인지보정의 효과가 발생하지 않고, 이미 인지의 보정명령을 한 이상 재차 석명할 의무가 있다고도 할 수 없다.   예상

> 인지 보정명령에 따라 인지액에 해당하는 현금을 수납은행에 납부하면서 잘못하여 인지로 납부하지 않고 송달료로 납부한 경우, 인지 보정의 효과가 발생하는지 여부(소극) 및 이 경우 원심 재판장이 상소인에게 인지를 보정하는 취지로 송달료를 납부한 것인지에 관하여 석명을 구하고 다시 인지를 보정할 수 있는 기회를 부여하여야 하는지 여부(적극) / 이러한 보정의 기회를 부여하지 않은 채 상소장을 각하하는 것이 위법한지 여부(적극)(대결 2021.3.11. 2020마7755)
>
> 상소장에 법률의 규정에 따른 인지를 붙이지 않은 경우 원심 재판장은 상당한 기간을 정하여 그 기간 내에 흠을 보정하도록 명해야 하고, 상소인이 위 기간 내에 흠을 보정하지 않은 때에는 원심 재판장은 명령으로 상소장을 각하해야 한다(민사소송법 제399조, 제425조).
>
> 상소인이 인지의 보정명령에 따라 인지액에 해당하는 현금을 수납은행에 납부하면서 잘못하여 인지로 납부하지 않고 송달료로 납부한 경우에는 인지가 납부되었다고 할 수 없어 인지 보정의 효과가 발생하지 않으나, 그 경우에도 인지액에 해당하는 현금을 송달료로 잘못 납부한 상소인에게는 다시 인지를 보정할 수 있는 기회를 부여함이 타당하다. 원심 재판장은 인지 보정명령 이후 수납은행의 영수필확인서와 영수필통지서가 보정기간 내에 제출되지 않았다고 하더라도 곧바로 상소장을 각하해서는 안 된다. 인지액에 해당하는 현금이 송달료로 납부된 사실이 있는지를 관리은행 또는 수납은행에 전산 그 밖에 적당한 방법으로 확인하고 만일 그러한 사실이 확인되는 경우 상소인에게 인지를 보정하는 취지로 송달료를 납부한 것인지에 관하여 석명을 구하고 다시 인지를 보정할 수 있는 기회를 부여해야 한다. 이러한 보정의 기회를 부여하지 않은 채 상소장을 각하하는 것은 석명의무를 다하지 않아 심리를 제대로 하지 않은 것으로 위법하다(대결 2014.4.30. 2014마76 참조).

정답 ✕

12 항소심에서 공시송달 판결을 하는 경우, 민사소송법 제208조 제3항 제3호에 따라 판결서의 이유에 청구를 특정함에 필요한 사항과 같은 법 제216조 제2항의 판단에 관한 사항만을 간략하게 표시할 수 있으므로 이는 상고이유가 되지 않는다.   예상

> [1] 판결서에 이유의 기재가 누락되거나 불명확한 경우, 민사소송법 제424조 제1항 제6호의 상고이유가 되는지 여부(적극)
>
> 판결서에는 그 이유를 기재하여야 하고, 그 이유에는 주문이 정당하다는 것을 인정할 수 있을 정도로 당사자의 주장과 그 밖의 공격·방어방법에 관한 판단을 표시하여야 한다(민사소송법 제208조 제2항). 판결에 이유를 기재하도록 하는 법률의 취지는 법원이 증거에 의하여 인정한 구체적 사실에 법규를 적용하여 결론을 도출하는 방식으로 이루어진 판단과정이 불합리하거나 주관적이 아니라는 것을 보장하기 위하여 그 재판과정에서 이루어진 사실인정과 법규의 선정, 적용 및 추론의 합리성과 객관성을 검증하려고 하는 것이므로, <u>판결의 이유는 그와 같은 과정이 합리적·객관적이라는 것을 밝힐 수 있도록 그 결론에 이르게 된 과정에 필요한 판단을 기재하여야 하고, 그와 같은 기재가 누락되거나 불명확한 경우에는 민사소송법 제424조 제1항 제6호의 상고이유가 된다.</u>

[2] 항소심에서 공시송달 판결을 하는 경우, 민사소송법 제208조 제3항 제3호에 따라 판결서의 이유에 청구를 특정함에 필요한 사항과 같은 법 제216조 제2항의 판단에 관한 사항만을 간략하게 표시할 수 있는지 여부(소극)(대판 2021.2.4. 2020다259506)

민사소송법 제208조 제2항의 규정에도 불구하고 제1심판결로서 '피고가 민사소송법 제194조 내지 제196조의 규정에 의한 공시송달로 기일통지를 받고 변론기일에 출석하지 아니한 경우의 판결'(이하 '공시송달 판결'이라 한다)에 해당하는 경우에는 판결서의 이유에 청구를 특정함에 필요한 사항과 같은 법 제216조 제2항의 판단에 관한 사항만을 간략하게 표시할 수 있다(민사소송법 제208조 제3항 제3호). 한편 항소심의 소송절차에는 특별한 규정이 없으면 민사소송법 제2편 제1장 내지 제3장에서 정한 제1심의 소송절차에 관한 규정을 준용하지만(민사소송법 제408조), 같은 법 제208조 제3항 제3호를 준용하는 규정은 별도로 두고 있지 않다. 오히려 항소심이 판결이유를 적을 때에는 제1심판결을 인용할 수 있지만, 제1심판결이 민사소송법 제208조 제3항 제3호에 따라 작성된 경우에는 이를 인용할 수 없다(민사소송법 제420조). 위와 같은 규정들의 내용과 그 취지를 종합하면, 공시송달 판결을 하는 경우 제1심은 민사소송법 제208조 제3항 제3호에 따라 판결서의 이유에 청구를 특정함에 필요한 사항과 같은 법 제216조 제2항의 판단에 관한 사항만을 간략하게 표시할 수 있지만, 당사자의 불복신청 범위에서 제1심판결의 당부를 판단하는 항소심은 그와 같이 간략하게 표시할 수 없고, 같은 법 제208조 제2항에 따라 주문이 정당하다는 것을 인정할 수 있을 정도로 당사자의 주장과 그 밖의 공격·방어방법에 관한 판단을 표시하여야 한다.

정답 ✕

13 제1심법원이 피고의 답변서 제출을 간과한 채 민사소송법 제257조 제1항에 따라 무변론판결을 선고하였다면, 이러한 제1심판결의 절차는 법률에 어긋난 경우에 해당하고, 제1심판결을 취소하여야 하는 동시에 피고의 심급의 이익과 절차보장을 위해 필수적으로 환송해야 한다.

예상

제1심법원이 피고의 답변서 제출을 간과한 채 민사소송법 제257조 제1항에 따라 무변론판결을 선고한 경우, 항소법원이 제1심판결을 취소하여야 하는지 여부(적극) 및 이때 사건을 환송하지 않고 직접 다시 판결할 수 있는지 여부(적극)(대판 2020.12.10. 2020다255085)

제1심법원이 피고에게 소장의 부본을 송달하였을 때 피고가 원고의 청구를 다투는 경우에는 소장의 부본을 송달받은 날부터 30일 이내에 답변서를 제출하여야 하고(민사소송법 제256조 제1항), 법원은 피고가 답변서를 제출하지 아니한 때에는 청구의 원인이 된 사실을 자백한 것으로 보고 변론 없이 판결할 수 있으나(이하 '무변론판결'이라 한다), 판결이 선고되기까지 피고가 원고의 청구를 다투는 취지의 답변서를 제출한 경우에는 무변론판결을 할 수 없다(같은 법 제257조 제1항).
따라서 제1심법원이 피고의 답변서 제출을 간과한 채 민사소송법 제257조 제1항에 따라 무변론판결을 선고하였다면, 이러한 제1심판결의 절차는 법률에 어긋난 경우에 해당한다.
항소법원은 제1심판결의 절차가 법률에 어긋날 때에 제1심판결을 취소하여야 한다(같은 법 제417조). 따라서 제1심법원이 피고의 답변서 제출을 간과한 채 민사소송법 제257조 제1항에 따라 무변론판결을 선고함으로써 제1심판결 절차가 법률에 어긋난 경우 항소법원은 민사소송법 제417조에 의하여 제1심판결을 취소하여야 한다. 다만 항소법원이 제1심판결을 취소하는 경우 반드시 사건을 제1심법원에 환송하여야 하는 것은 아니므로, 사건을 환송하지 않고 직접 다시 판결할 수 있다.

정답 ✕

14 계좌가 압류되었다는 내용과 채권압류 및 추심명령의 사건번호와 채권자만 기재되어 있을 뿐 제1심판결에 관한 내용이 전혀 언급되어 있지 않은 문자메시지를 받았다는 사정만으로는 제1심판결이 있었던 사실을 알았다거나 사회통념상 그 경위를 알아볼 만한 특별한 사정이 있었다고 보기 어렵다.

예상

> [1] 소장부본과 판결정본 등이 공시송달의 방법으로 송달되어 피고가 과실 없이 판결의 송달을 알지 못한 것으로 인정되는 경우, 추완항소가 허용되는지 여부(적극) 및 이 경우 추완항소 제기기간의 기산점인 '사유가 없어진 후'의 의미 / 피고가 당해 판결이 있었던 사실을 알았고 사회통념상 그 경위에 대하여 당연히 알아볼 만한 특별한 사정이 있었다고 인정되는 경우, 그 경위에 대하여 알아보는 데 통상 소요되는 시간이 경과한 때에 책임질 수 없는 사유가 소멸하였다고 봄이 상당한지 여부(적극)
>
> 소장부본과 판결정본 등이 공시송달의 방법에 의하여 송달되었다면 특별한 사정이 없는 한 피고는 과실 없이 판결의 송달을 알지 못한 것이고, 이러한 경우 피고는 책임을 질 수 없는 사유로 인하여 불변기간을 준수할 수 없었던 때에 해당하여 그 사유가 없어진 후 2주일 내에 추완항소를 할 수 있다. 여기에서 '사유가 없어진 후'라고 함은 당사자나 소송대리인이 단순히 판결이 있었던 사실을 안 때가 아니고 나아가 판결이 공시송달의 방법으로 송달된 사실을 안 때를 가리키는 것이다. 그리고 다른 특별한 사정이 없는 한 통상의 경우에는 당사자나 소송대리인이 사건 기록을 열람하거나 또는 새로이 판결정본을 영수한 때에 비로소 판결이 공시송달의 방법으로 송달된 사실을 알게 되었다고 보아야 한다.
>
> 다만 피고가 당해 판결이 있었던 사실을 알았고 사회통념상 그 경위에 대하여 당연히 알아볼 만한 특별한 사정이 있었다고 인정되는 경우에는 그 경위에 대하여 알아보는 데 통상 소요되는 시간이 경과한 때에 판결이 공시송달의 방법으로 송달된 사실을 알게 된 것으로 추인하여 책임질 수 없는 사유가 소멸하였다고 봄이 상당하다고 할 것이지만, 이 경우 '당해 판결이 있었던 사실을 알게 된 것'과 더불어 '판결의 경위에 대하여 알아볼 만한 특별한 사정'이 인정되어야 한다.
>
> 당사자가 다른 소송의 재판절차에서 송달받은 준비서면 등에 당해 사건의 제1심 판결문과 확정증명원 등이 첨부된 경우에는 위의 특별한 사정을 인정할 수 있고, 제1심판결이 있었던 사실을 알게 된 후 대처방안에 관하여 변호사와 상담을 하거나 추완항소 제기에 필요한 해외거주증명서 등을 발급받은 경우에도 마찬가지이다. 그러나 유체동산 압류집행을 당하였다는 등의 사정만으로는 위의 특별한 사정을 인정하기 어렵고, 나아가 채권추심회사 직원과의 통화 과정에서 사건번호 등을 특정하지 않고 단지 '판결문에 기하여 채권추심을 할 것이다.'라는 이야기를 들은 경우에도 당해 제1심판결이 있었던 사실을 알았다거나 위의 특별한 사정이 인정된다고 볼 수 없다.
>
> [2] 제1심법원이 소장부본과 판결정본 등을 공시송달의 방법으로 피고 갑에게 송달하였고, 그 후 원고 을 주식회사가 제1심판결에 기하여 갑의 예금채권 등을 압류·추심하여 갑이 제3채무자인 병 신용협동조합으로부터 '법원의 요청으로 계좌가 압류되었습니다.'는 내용과 채권압류 및 추심명령의 사건번호와 채권자가 기재된 문자메시지를 받았는데, 그로부터 2달이 지나 갑이 제1심판결정본을 영수한 후 추완항소를 제기한 사안에서, 갑이 위와 같은 문자메시지를 받았다는 사정만으로는 제1심판결이 있었던 사실을 알았다거나 사회통념상 그 경위를 알아볼 만한 특별한 사정이 있었다고 보기 어렵다고 한 사례(대판 2021.3.25. 2020다46601)
>
> 제1심법원이 소장부본과 판결정본 등을 공시송달의 방법으로 피고 갑에게 송달하였고, 그 후 원고 을 주식회사가 제1심판결에 기하여 갑의 예금채권 등을 압류·추심하여 갑이 제3채무자인 병 신용협동조합으로부터 '법원의 요청으로 계좌가 압류되었습니다.'는 내용과 채권압류 및 추심명령의 사건번호와 채권자가 기재된 문자메시지를 받았는데, 그로부터 2달이 지나 갑이 제1심판결정본을 영수한 후 추완항소를 제기한 사안에서, 갑이 병 신용협동조합으로부터 계좌가 압류되었다는 내용과 채권압류 및 추심명령의 사건번호와 채권자만 기재되어 있을 뿐

제1심판결에 관한 내용이 전혀 언급되어 있지 않은 문자메시지를 받았다는 사정만으로는 제1심판결이 있었던 사실을 알았다거나 사회통념상 그 경위를 알아볼 만한 특별한 사정이 있었다고 보기 어려우므로, 다른 특별한 사정이 없는 한 갑이 제1심판결정본을 영수한 날로부터 2주일 내에 제기된 추완항소는 적법한데도, 이와 달리 본 원심판결에 대법원 판례에 상반되는 판단을 한 잘못이 있다고 한 사례.

정답 ○

PART 06

재심절차

01 여러 개의 유죄판결이 재심대상판결의 기초가 되었는데 이후 각 유죄판결이 재심을 통하여 효력을 잃고 무죄판결이 확정된 경우, 어느 한 유죄판결이 효력을 잃고 무죄판결이 확정되었다는 사정은 특별한 사정이 없는 한 별개의 독립된 재심사유가 된다.

> 여러 개의 유죄판결이 재심대상판결의 기초가 되었는데 이후 각 유죄판결이 재심을 통하여 효력을 잃고 무죄판결이 확정된 경우, 어느 한 유죄판결이 효력을 잃고 무죄판결이 확정되었다는 사정이 별개의 독립된 재심사유가 되는지 여부(원칙적 적극) 및 각 유죄판결에 대하여 형사재심에서 인정된 재심사유가 공통된다거나 무죄판결의 이유가 동일하더라도 마찬가지인지 여부(적극)(대판 2019.10.17. 2018다300470)
>
> 재심은 확정된 종국판결에 대하여 판결의 효력을 인정할 수 없는 중대한 하자가 있는 경우 예외적으로 판결의 확정에 따른 법적 안정성을 후퇴시켜 그 하자를 시정함으로써 구체적 정의를 실현하고자 마련된 것이다.
>
> 민사소송법 제451조 제1항 제8호는 "판결의 기초가 된 민사나 형사의 판결, 그 밖의 재판 또는 행정처분이 다른 재판이나 행정처분에 따라 바뀐 때"를 재심사유로 정하고 있다. 이는 판결의 기초가 된 재판이나 행정처분이 그 후의 다른 재판이나 행정처분에 따라 확정적이고 또한 소급적으로 변경된 경우를 말한다. 여기에서 재판이 판결의 기초가 되었다고 함은 재판이 확정판결에 법률적으로 구속력을 미치는 경우 또는 재판내용이 확정판결에서 사실인정의 자료가 되었고 그 재판의 변경이 확정판결의 사실인정에 영향을 미칠 가능성이 있는 경우를 말한다.
>
> <u>재심사유는 그 하나하나의 사유가 별개의 청구원인을 이루는 것이므로, 여러 개의 유죄판결이 재심대상판결의 기초가 되었는데 이후 각 유죄판결이 재심을 통하여 효력을 잃고 무죄판결이 확정된 경우, 어느 한 유죄판결이 효력을 잃고 무죄판결이 확정되었다는 사정은 특별한 사정이 없는 한 별개의 독립된 재심사유라고 보아야</u> 한다. 재심대상판결의 기초가 된 각 유죄판결에 대하여 형사재심에서 인정된 재심사유가 공통된다거나 무죄판결의 이유가 동일하다고 하더라도 달리 볼 수 없다.
>
> (주요쟁점) 재심사유마다 별개의 청구원인을 이루어 소송물이 성립한다는 판결

정답 ○

02 환송 후 원심이나 그에 대한 상고심에서 위헌결정으로 효력이 상실된 법률 조항을 적용할 수 없어 환송판결과 다른 결론에 이른다고 하더라도 환송판결의 기속력에 관한 법원조직법 제8조에 저촉되지 않으며 비록 환송 후 원심이 위 사정을 이유로 환송 전 원심판결과 같은 내용의 판결을 선고하게 되었더라도, 채무자의 주장이 환송판결에서 받아들여진 적이 있을 정도였다면 환송 후 원심판결이 선고되기 전까지는 채무자가 이행의무의 존재 여부나 범위에 관하여 항쟁하는 것에는 타당한 근거가 있었다고 보아야 한다.

예상

> [1] 환송판결 선고 이후 위헌결정으로 환송판결의 기속적 판단의 기초가 된 법률 조항이 효력을 상실함에 따라 환송 후 원심이나 그에 대한 상고심에서 위 법률 조항을 적용할 수 없어 환송판결과 다른 결론에 이른 경우, 환송판결의 기속력에 관한 법원조직법 제8조에 저촉되는지 여부(소극)
>
> 상고심법원이 환송 전 원심판결을 파기하는 이유로 삼은 사실상 및 법률상의 판단은 사건의 환송을 받은 원심은 물론 상고심법원도 기속한다. 그러나 환송판결 선고 이후 헌법재판소가 환송판결의 기속적 판단의 기초가 된 법률 조항을 위헌으로 선언하여 그 법률 조항의 효력이 상실된 때에는 그 범위에서 환송판결의 기속력은 미치지 않고, 환송 후 원심이나 그에 대한 상고심에서 위헌결정으로 효력이 상실된 법률 조항을 적용할 수 없어 환송판결과 다른 결론에 이른다고 하더라도 환송판결의 기속력에 관한 법원조직법 제8조에 저촉되지 않는다.
>
> [2] 소송촉진 등에 관한 특례법 제3조 제2항에서 말하는 '채무자가 그 이행의무의 존부 여부나 범위에 관하여 항쟁함이 상당하다고 인정되는 경우'의 의미 / 환송 후 원심이 새로운 사정을 이유로 환송 전 원심판결과 같은 내용의 판결을 선고하였으나 채무자의 주장이 환송판결에서 받아들여진 적이 있을 정도였던 경우, 환송 후 원심판결 선고 전까지는 채무자가 이행의무의 존부 등에 관하여 항쟁하는 것에 타당한 근거가 있었다고 보아야 하는지 여부(적극)(대판 2020.11.26. 2019다2049)
>
> 소송촉진 등에 관한 특례법 제3조 제2항에서 말하는 '채무자가 그 이행의무의 존재 여부나 범위에 관하여 항쟁하는 것이 타당하다고 인정되는 경우'란 그 이행의무의 존재 여부나 범위에 관하여 항쟁하는 채무자의 주장이 타당한 근거가 있는 것으로 인정되는 때를 가리킨다.
>
> 채무자의 주장이 환송판결에서 받아들여진 적이 있을 정도였다면, 비록 환송 후 원심이 새로운 사정을 이유로 환송 전 원심판결과 같은 내용의 판결을 선고하게 되었더라도, 환송 후 원심판결이 선고되기 전까지는 채무자가 이행의무의 존재 여부나 범위에 관하여 항쟁하는 것에는 타당한 근거가 있었다고 보아야 한다.
>
> **관련판례**
>
> 소송촉진 등에 관한 특례법 제3조 제2항에서 정한 '채무자가 그 이행의무의 존재 여부나 범위에 관하여 항쟁하는 것이 타당하다고 인정되는 경우'의 의미 및 제1심이 인용한 청구액을 항소심이 그대로 유지한 경우, 피고가 항소심 절차에서 위 인용금액에 대하여 이행의무의 존부와 범위를 다툰 것이 이에 해당하는지 여부(원칙적 소극)(대판 2020.8.20. 2019다14110, 2019다14127(병합), 2019다14134(병합), 2019다14141(병합))
>
> 소송촉진 등에 관한 특례법 제3조 제2항이 정하는 '채무자가 그 이행의무의 존재 여부나 범위에 관하여 항쟁하는 것이 타당하다고 인정되는 경우'라 함은 이행의무의 존부나 범위에 관하여 항쟁하는 채무자의 주장에 상당한 근거가 있는 때라고 풀이되므로, 결국 위와 같이 항쟁함이 타당한가 아니한가의 문제는 당해 사건에 관한 법원의 사실인정과 평가에 관한 것이다. 그러나 제1심이 인용한 청구액을 항소심이 그대로 유지한 경우, 특별한 사정이 없는 한 피고가 항소심 절차에서 위 인용금액에 대하여 이행의무의 존부와 범위를 다툰 것은 타당하다고 볼 수 없다.

정답 ○

PART 07

간이소송절차

01
1. 소액사건은 소액사건심판법이 규정하는 항소심 판결이 ① 법령·처분의 헌법 위반 또는 법률 위반 여부에 대한 판단이 부당한 때, ② 대법원의 판례에 상반되는 판단을 한 때에만 상고가 허용되지만, 소액사건에서 구체적 사건에 적용할 법령의 해석에 관한 대법원 판례가 아직 없는 상황에서 같은 법령의 해석이 쟁점으로 되어 있는 다수의 소액사건들이 하급심에 계속되어 있을 뿐 아니라 재판부에 따라 엇갈리는 판단을 하는 사례가 나타나고 있는 경우에는 대법원의 판례에 상반되는 판단을 한 때'의 요건을 갖추지 아니하였다고 하더라도 법령해석의 통일이라는 대법원의 본질적 기능을 수행하는 차원에서 실체법 해석·적용의 잘못에 관하여 판단할 수 있다. 예상

2. 소액사건이라는 이유로 대법원이 법령의 해석에 관하여 판단을 하지 아니한 채 사건을 종결한다면 국민생활의 법적 안정성을 해칠 것이 우려되는 특별한 사정이 있는 경우에는 법령해석의 통일이라는 대법원의 본질적 기능을 수행하는 차원에서 실체법 해석·적용의 잘못에 관하여 판단할 수 있으나 다만 소액사건에 관하여 상고이유로 할 수 있는 '대법원의 판례에 상반되는 판단을 한 때'라는 요건을 갖추어야 한다. 예상

> 소액사건에 관하여 상고이유로 할 수 있는 '대법원의 판례에 상반되는 판단을 한 때'의 요건을 갖추지 않았지만 대법원이 실체법 해석·적용의 잘못에 관하여 판단할 수 있는 경우(대판 2019.12.27. 2018다37857, 대판 2019.12.13. 2018다287010, 대판 2021.4.29. 2016다224879)
> 소액사건에서 구체적 사건에 적용할 법령의 해석에 관한 대법원 판례가 아직 없는 상황에서 같은 법령의 해석이 쟁점으로 되어 있는 다수의 소액사건들이 하급심에 계속되어 있을 뿐 아니라 재판부에 따라 엇갈리는 판단을 하는 사례가 나타나고 있는 경우, 소액사건이라는 이유로 대법원이 법령의 해석에 관하여 판단을 하지 아니한 채 사건을 종결한다면 국민생활의 법적 안전성을 해칠 것이 우려된다. 이와 같은 특별한 사정이 있는 경우에는 소액사건에 관하여 상고이유로 할 수 있는 '대법원의 판례에 상반되는 판단을 한 때'의 요건을 갖추지 아니하였다고 하더라도 법령해석의 통일이라는 대법원의 본질적 기능을 수행하는 차원에서 실체법 해석·적용의 잘못에 관하여 판단할 수 있다고 보아야 한다.

정답 ○, ×

PART 08

채권자대위권과
채권자취소권의
소송법적 논점

채권자대위권

01 비법인사단인 채무자 명의로 제3채무자를 상대로 한 소가 제기되었으나 사원총회의 결의 없이 총유재산에 관한 소가 제기되었다는 이유로 각하판결을 받고 그 판결이 확정된 경우에는 채무자가 스스로 제3채무자에 대한 권리를 행사한 것으로 볼 수 있다. 예상

> 채무자가 제3채무자에게 이미 재판상 행사한 권리를 채권자가 채무자를 대위하여 행사할 수 있는지 여부(소극) 및 비법인사단인 채무자 명의로 제기된 제3채무자를 상대로 한 소가 사원총회 결의가 없었다는 이유로 각하되어 판결이 확정된 경우, 채무자가 스스로 제3채무자에 대한 권리를 행사하였다고 볼 수 있는지 여부(소극)(대판 2018.10.25. 2018다210539)
>
> 채권자대위권은 채무자가 스스로 제3채무자에 대한 권리를 행사하지 아니하는 경우에 한하여 채권자가 자기의 채권을 보전하기 위하여 행사할 수 있는 것이어서, 채권자가 대위권을 행사할 당시에 이미 채무자가 그 권리를 재판상 행사하였을 때에는 채권자는 채무자를 대위하여 채무자의 권리를 행사할 수 없다. 그런데 비법인사단이 사원총회의 결의 없이 제기한 소는 소제기에 관한 특별수권을 결하여 부적법하고, 그 경우 소제기에 관한 비법인사단의 의사결정이 있었다고 할 수 없다. 따라서 비법인사단인 채무자 명의로 제3채무자를 상대로 한 소가 제기되었으나 사원총회의 결의 없이 총유재산에 관한 소가 제기되었다는 이유로 각하판결을 받고 그 판결이 확정된 경우에는 채무자가 스스로 제3채무자에 대한 권리를 행사한 것으로 볼 수 없다.

정답 ✕

02 채권자대위권의 행사에서 채권자의 청구권의 취득이 강행법규 위반 등으로 무효인 경우, 채권자대위소송의 제3채무자에 대한 관계에서 피보전권리가 존재한다고 볼 수 없다. 예상

> 채권자대위권의 행사에서 채권자가 채무자를 상대로 보전되는 청구권에 기한 이행청구의 소를 제기하여 승소판결을 선고받고 판결이 확정된 경우, 청구권의 발생원인이 되는 사실관계가 제3채무자에 대한 관계에서 증명되었다고 볼 수 있는지 여부(원칙적 적극) / 청구권의 취득이 강행법규 위반 등으로 무효인 경우, 채권자대위소송의 제3채무자에 대한 관계에서 피보전권리가 존재하는지 여부(소극) 및 이는 확정판결 또는 그와 같은 효력이 있는 재판상 화해조서 등이 재심이나 준재심으로 취소되지 아니하여 채권자와 채무자 사이에서 판결이나 화해가 무효라는 주장을 할 수 없는 경우라 하더라도 마찬가지인지 여부(적극)(대판 2019.1.31. 2017다228618)
>
> 채권자대위권을 행사하는 경우, 채권자가 채무자를 상대로 보전되는 청구권에 기한 이행청구의 소를 제기하여 승소판결을 선고받고 판결이 확정되었다면, 특별한 사정이 없는 한 그 청구권의 발생원인이 되는 사실관계가 제3채무자에 대한 관계에서도 증명되었다고 볼 수 있다. 그러나 그 청구권의 취득이, 채권자로 하여금 채무자를 대신하여 소송행위를 하게 하는 것을 주목적으로 이루어진 경우와 같이, 강행법규에 위반되어 무효라고 볼 수 있는 경우 등에는 위 확정판결에도 불구하고 채권자대위소송의 제3채무자에 대한 관계에서는 피보전권리가 존재하지 아니한다고 보아야 한다. 이는 위 확정판결 또는 그와 같은 효력이 있는 재판상 화해조서 등이 재심이나 준재심으로 취소되지 아니하여 채권자와 채무자 사이에서는 그 판결이나 화해가 무효라는 주장을 할 수 없는 경우라 하더라도 마찬가지이다.

정답 ○

채권자취소권

03 채권자취소소송에서 피보전채권의 존재가 인정되어 사해행위 취소 및 원상회복을 명하는 판결이 확정되었다고 하더라도, 그에 기하여 재산이나 가액의 회복을 마치기 전에 피보전채권이 소멸하여 채권자가 더 이상 채무자의 책임재산에 대하여 강제집행을 할 수 없게 되었다면, 이는 위 판결의 집행력을 배제하는 적법한 청구이의 이유가 된다.

예상

> 채권자취소권에 의하여 책임재산을 보전할 필요성이 없어지면 채권자취소권은 소멸하는지 여부(적극) 및 채권자취소소송에서 피보전채권의 존재가 인정되어 사해행위 취소 및 원상회복을 명하는 판결이 확정되었으나 재산이나 가액의 회복을 마치기 전에 피보전채권이 소멸한 경우, 판결의 집행력을 배제하는 적법한 청구이의 이유가 되는지 여부(적극)(대판 2017.10.26. 2015다224469)
> 채권자취소권은 채무자의 사해행위를 채권자와 수익자 또는 전득자 사이에서 상대적으로 취소하고 채무자의 책임재산에서 일탈한 재산을 회복하여 채권자의 강제집행이 가능하도록 하는 것을 본질로 하는 권리이므로, 채권자취소권에 의하여 책임재산을 보전할 필요성이 없어지면 채권자취소권은 소멸한다. 따라서 채권자취소소송에서 피보전채권의 존재가 인정되어 사해행위 취소 및 원상회복을 명하는 판결이 확정되었다고 하더라도, 그에 기하여 재산이나 가액의 회복을 마치기 전에 피보전채권이 소멸하여 채권자가 더 이상 채무자의 책임재산에 대하여 강제집행을 할 수 없게 되었다면, 이는 위 판결의 집행력을 배제하는 적법한 청구이의 이유가 된다.

정답 ○

04 파산선고 후 파산채권자가 제기한 채권자취소의 소에서 파산관재인이 소송수계 후 청구변경의 방법으로 부인권을 행사한 경우, 제1심 판결을 취소하고 사건을 파산계속법원에 이송하여야 한다.

예상

> [1] 채무자에 대한 파산선고 후 파산채권자가 채권자취소의 소를 제기할 수 있는지 여부(소극)
> 채무자가 채권자에 대한 사해행위를 한 경우에 채권자는 민법 제406조에 따라 채권자취소권을 행사할 수 있다. 그러나 채무자에 대한 파산선고 후에는 파산관재인이 파산재단을 위하여 부인권을 행사할 수 있다(채무자 회생 및 파산에 관한 법률 제391조, 제396조). 파산절차가 채무를 채권자들에게 평등하고 공정하게 변제하기 위한 집단적·포괄적 채무처리절차라는 점을 고려하여 파산선고 후에는 파산채권자가 아닌 파산관재인으로 하여금 부인권을 행사하도록 한 것이다. 따라서 파산선고 후에는 파산관재인이 총 채권자에 대한 평등변제를 목적으로 하는 부인권을 행사하여야 하고, 파산절차에 의하지 않고는 파산채권을 행사할 수 없는 파산채권자가 개별적 강제집행을 전제로 개별 채권에 대한 책임재산을 보전하기 위한 채권자취소의 소를 제기할 수 없다.
> [2] 채무자에 대한 파산선고 후 파산채권자가 채권자취소의 소를 제기한 경우, 파산관재인이 소송수계를 할 수 있는지 여부(적극) 및 파산관재인이 소송수계 후 부인의 소로 변경한 것이 적법한지 여부(적극)
> 파산채권자가 파산선고 후에 제기한 채권자취소의 소가 부적법하더라도 파산관재인은 이러한 소송을 수계한 다음 청구변경의 방법으로 부인권을 행사할 수 있다고 보아야 한다. 이 경우 법원은 파산관재인이 수계한 소송이 부적법한 것이었다는 이유만으로 소송수계 후 교환적으로 변경된 부인의 소마저 부적법하다고 볼 것은 아니다.

[3] 제1심법원에 계속 중이던 채권자취소소송을 파산관재인이 수계하여 부인의 소로 변경한 경우, 파산계속법원의 전속관할에 속하는지 여부(적극)(대판 2018.6.15. 2017다265129)

부인의 소는 파산계속법원의 관할에 전속한다[채무자 회생 및 파산에 관한 법률(이하 '채무자회생법'이라 한다) 제396조 제3항, 제1항(2016. 12. 27. 법률 제14472호로 개정되기 전에는 '파산계속법원'이 아닌 '파산법원'이었다)]. 따라서 채권자취소소송이 계속 중인 법원이 파산계속법원이 아니라면 그 법원은 관할법원인 파산계속법원에 사건을 이송하여야 한다. 파산채권자가 제기한 채권자취소소송이 항소심에 계속된 후에는 파산관재인이 소송을 수계하여 부인권을 행사하더라도 채무자회생법 제396조 제3항이 적용되지 않고 항소심법원이 소송을 심리·판단할 권한을 계속 가진다. 그러나 제1심법원에 계속 중이던 채권자취소소송을 파산관재인이 수계하여 부인의 소로 변경한 경우에는 채무자회생법 제396조 제3항이 적용된다.

정답 ○

판례색인

대법원 결정

2017.12.28. 2015무423	48
2018. 1.19. 2017마1332	5
2018. 6. 1. 2018마5162	75
2018.10. 4. 2017마6308	32
2018.11.21. 2018그636	65
2019. 1. 4. 2018스563	6
2019. 3.25. 2016마5908	8
2020. 1. 9. 2019마6016	34
2020. 1.30. 2019마5599, 5600	97
2020. 3.16. 2020그507	102
2021. 3.11. 2020마7755	104
2021. 4.22. 2017마6438 전원합의체	99
2021.12.10. 2021마6702	90
2022. 4. 5. 2020마7530	76

대법원 판결

2017. 7.11. 2017다216271	30
2017. 7.18. 2016다35789	92
2017. 9.12. 2015다242849	28
2017. 9.12. 2017다865	37
2017. 9.21. 2017다232105	66
2017. 9.21. 2017다233931	96
2017.10.12. 2015두36836	91
2017.10.26. 2015다224469	119
2017.10.31. 2015다65042	29
2017.11.14. 2017다23066	18
2017.11.23. 2017다251694	38
2017.12. 5. 2017다237339	28, 100
2017.12.22. 2015다205086	101
2018. 2.13. 2015다242429	89
2018. 2.28. 2013다26425	83
2018. 4.12. 2017다292244	47
2018. 4.24. 2017다293858	17
2018. 4.26. 2017다288115	65
2018. 5.30. 2014다9632	30
2018. 5.30. 2017다21411	82
2018. 6.15. 2016다229478	81
2018. 6.15. 2017다265129	120
2018. 6.15. 2017다289828	36
2018. 6.28. 2016다203056	14
2018. 7.12. 2015다36167	45
2018. 7.19. 2018다22008 전원합의체	17
2018. 7.20. 2016다34281	56
2018. 7.26. 2018다227551	16
2018. 8. 1. 2018다229564	45
2018. 8.30. 2016다46338, 46345	68
2018. 9.13. 2018다231031	74
2018.10. 4. 2016다41869	45
2018.10.18. 2015다232316 전원합의체	19
2018.10.25. 2017다272103	10
2018.10.25. 2018다210539	118
2018.11. 9. 2018다251851	89
2018.11.15. 2016다244491	53
2018.12.27. 2016다202763	87
2019. 1.17. 2018다24349	21
2019. 1.31. 2017다228618	118
2019. 2.14. 2015다244432	15
2019. 2.21. 2018다248909 전원합의체	44
2019. 2.28. 2016다255613	93
2019. 3.14. 2018다277785, 277792	86
2019. 4. 3. 2018다271657	103
2019. 4.25. 2017다21176	60
2019. 5.16. 2015다253573	24
2019. 5.16. 2018다242246	23
2019. 6.13. 2016다33752	3, 4
2019. 7.25. 2019다212945	20
2019. 8. 9. 2019다222140	46
2019. 8.29. 2019다215272	73
2019. 8.30. 2018다259541	100
2019. 9.10. 2019다208953	39
2019.10.17. 2014다46778	69
2019.10.17. 2018다300470	110
2019.10.23. 2012다46170 전원합의체	91
2019.11.28. 2016다233538, 233545	50
2019.11.28. 2017다244115	42
2019.12.13. 2018다287010	114
2019.12.24. 2016다222712	2
2019.12.27. 2018다37857	114
2020. 1.16. 2019다247385	26
2020. 1.16. 2019다264700	5
2020. 1.30. 2015다49422	35
2020. 1.30. 2019다268252	90
2020. 3.26. 2018다221867	97

2020. 3.26. 2018다301336	49
2020. 5.14. 2019다261381	73
2020. 6.25. 2019다292026(본소), 2019다292033(반소), 2019다292040(반소)	52
2020. 7.23. 2017다224906	72
2020. 8.20. 2018다241410(본소), 2018다241427(반소)	57
2020. 8.20. 2018다249148	25
2020. 8.20. 2019다14110, 2019다14127(병합), 2019다14134(병합), 2019다14141(병합)	111
2020. 8.27. 2017다211481	47
2020.10.15. 2017다216523	83
2020.10.15. 2020다227523(본소), 2020다227530(반소)	61
2020.10.29. 2016다35390	62
2020.11.26. 2019다2049	111
2020.12.10. 2020다255085	105
2021. 2. 4. 2020다259506	105
2021. 3.11. 2020다253836	75
2021. 3.11. 2020므11658	39
2021. 3.25. 2018다230588	4
2021. 3.25. 2020다277641	43
2021. 3.25. 2020다282506	10
2021. 3.25. 2020다46601	106
2021. 4. 8. 2020다219690	70
2021. 4.29. 2016다224879	114
2021. 5. 7. 2018다259213	58
2021. 5. 7. 2020다292411	84
2021. 6. 3. 2018다276768	31
2021. 6.10. 2018다44114	22
2021. 6.24. 2016다210474	15
2021. 6.24. 2016다268695	71
2021. 6.24. 2019다278433	8
2021. 6.30. 2017다249219	50
2021. 7.21. 2020다300893	22
2021. 7.22. 2020다248124	70
2021. 7.29. 2018다230229	63
2021. 7.29. 2018다267900	44
2021. 9.16. 2021다200914, 200921	37
2021.11.11. 2021다238902	9
2021.12.23. 2017다257746 전원합의체	64
2022. 1.13. 2019다220618	40
2022. 1.13. 2021다269388	2
2022. 1.27. 2018다259565	14
2022. 1.27. 2020다39719	42
2022. 2.17. 2021다275741	32
2022. 3.11. 2018다231550	64
2022. 3.17. 2020다216462	41
2022. 3.31. 2020다271919	59
2022. 4.14. 2020다224975	88